汉 字 中 国

汉字
与
论语

田舍之 | 著

少年儿童出版社

汉字是一眼泉

——写给小朋友的话

我看汉字，是一个个活泼泼的精灵。好多年了，这些古老的精灵常常在时空的缝隙里探出头来，俏皮地眨眨眼，像是与你捉迷藏的孩子。我找寻它们，于是慢慢走近古人，走进五千年文明，时时能捡拾到散落在历史长河边的五彩斑斓的智慧之贝。

初识这些精灵是二十几年前的事，不过那时只是猎奇，只是用它们来装点生活，如同路边采撷一枝不常见的野花，簪在发梢，添一分美艳。一件事物，被视作工具时，即便了解得再深刻、掌握得再熟练，都不过是一种技艺，没办法感知温度、触及灵魂，没办法润泽生命、滋养内心的安宁与欢悦。

将我唤回正途的是孩子们。十年前，教几个孩子写字，闲暇时，画些甲骨文让他们猜，没想到他们满眼的惊喜，没想到他们可以精准地说出那些符号的本义，甚至可以描述出一个个的故事。那一刻，忽然觉得讲授知识和技艺没那么重要了，那时起，决定和孩子们一起亲近汉字，带他们探知汉字背后的故事和秘密。

我们先开了画字课：列一个主题，试着用最简单的符号表述，看谁画出的"字"最生动、准确。能把复杂的事物刻画得简单、准确，不容易。比如"人"，我们能画出正面直立的"大"的形状，没办法简约成侧身弯腰劳动的形象；比如"天"，我们会画一朵朵的云，会画日月星空，想不出在人的头顶标注出天的意象；比如"问"，我们可以想到一个人询问另一个人的场景，不会简化成一扇门、一张口……

比起画字，孩子们更喜欢看"字"讲故事。"月"，他们会说月牙中的点是玉兔、金蟾、嫦娥或吴刚；"安"，他们说是妈妈等他们回家吃饭；"习"，他们说是春天的清晨小鸟偷偷溜出温暖的窝迎着朝阳练习飞翔，甚至说是被后羿射落的三足金乌飞回来陪昔日的兄弟朝升夕落……

我从不点评，只告诉他们没有对错，没有标准答案，只有思维是否精炼合理，思想放飞得是否足够遥远。我喜欢看他们认真观察、努力思考的样子，喜欢他们自由自在、无拘无束的畅想。我总觉得他们需要这样的抽象与想象，需要感悟那些汉字精灵的睿智，需要在这样漫无边际的遐想中与远古的智慧碰撞、汇通，继而开创自己美好的未来。

有一次，我给他们讲"学"："子"是学生，"冖"是房子，"爻"是知识，上面那双大手是老师。有孩子问："为什么老师的手在教室外面呢？"没想过这个问题，一下子语塞。后来有孩子说那是天神的双手，说神话故事里人都是和神仙学本事的，包括孙悟空，师父是菩提老祖，所以才有了后来的上天入地、神通广大。这个说法倒是有趣，是否有神仙姑且不说，伏羲画卦、仓颉造字，确是仰观天文、俯察地理而来，而且"神"字的金文，中间是表示贯通天地的竖，两侧就是和"学"字一模一样的倒垂的大手。

孩子们的眼睛里，是干净得没有渣滓的世界，这种纯净，能清洗心霾。好多汉字，是他们启发了我的思考，甚至有些字，是他们教会我该如何认知。

汉字是一扇门，门外是知识，门里是智慧。汉字是一眼泉，汩汩而出的是清澈，濯净澄明的是心田。这十年，感恩那些陪我一起长大的孩子们，感恩那些精灵般的汉字，他们让我不泥陷于知识的海洋，让我窥见传统文化背后的精微与深邃，他们让我在红尘侵染中找回自己，让我在心底种下一抹柔软与清明。

这些年，我于汉字，如入山寻宝，每有所获，且生命越经历，所得越丰厚。那些汉字精灵，常常在我认知的一步之遥等着我，可当我迈进，伸手去触摸时，又倏地闪到更远处。我曲曲折折地追着它们走，穿越经典，穿越亘古，隐约遇见了光。有时我会想，或者它们不是与我捉迷藏，只是想带我去往它们生出的地方。那里，一定很美好。

写这套书，写这些文章，心里只有一个念头，若是孩子们能随我同去，该有多好。

田舍之
戊戌夏至于潮白河随寓

目　录

遇见孔子

这些年读《论语》，越来越喜欢孔子，如邻家长者，慈祥和善、睿智洞达。之前是不大喜欢的，小时候去孔庙，见高高大大的孔子像，只觉得陈旧遥远，不亲切。慢慢地，我能从《论语》中感知到一种温暖与性情，嬉笑怒骂间，孔子在我身边渐渐鲜活、真实起来。

孔子不古板。"子之燕居，申申如也，夭夭如也。"燕居是在家闲居；"申"字是闪电的象形，后来表示伸张、舒展；"夭"的甲骨文像一个人挥动双臂奔走抑或是妖娆起舞，小篆时又强调了歪着头的姿态，很是俏皮。如此，孔子在家时和我们没什么两样，也是很放松自在的，也会四仰八叉地躺着，没准儿高兴了还会哼个小曲儿舞一段儿。

闪电　　伸展出　　闪电四
　　　　的裂纹　　处裂开

摆动手　　歪着的头　　妖娆起舞
臂的人

孔子很性情。他从来不觉得和学生在一起时要如何矜持稳重，他总是真实地表达着自己。颜回去世，他不顾形象地放声大哭，而且边哭边喊："天丧予！天丧予！"意思是老天爷这是不让我活了啊！宰予白天睡觉，他直骂"朽木不可雕也，粪土之墙不可圬也"，烂木头也就罢了，骂弟子是大粪，不太像读书人该说的话。

《论语》中还有这样一段记录：子见南子，子路不说。孔子矢之曰："予所否者，天厌之！天厌之！"南子是卫灵公的夫人，仰慕孔子的才德，知道孔子居卫，请他去会见。"说"是"悦"的通假，孔子去见南子，他的学生子路很不高兴。"矢"的甲骨文是一支箭的形状，用箭矢来比喻所说的话，《论语》中好像只有这一次，应该是表示说出的话像箭一样射出去就收不回来了，很像是我

们平时赌咒发誓的样子。

箭杆箭簇　　箭尾羽　　　箭　　矢

　　"否"上面的"不"表示反对，下面的"口"表示唾弃，总之都是否定的意思。"厌"字最早的字形没有"厂"，左边像张着大嘴的猛兽，右边是"犬"，很像是凶猛的动物互相撕咬的情境，估计是没有谁会喜欢这样可怕的场面吧，所以有了厌烦、厌恶的含义。也有人说，这像是野兽饱食后对其余猎物不感兴趣的样子，所以后来加了表示山崖的"厂"，意思是将多余的兽肉弃之山崖。"予所否者"意思是我所唾弃、鄙视的事，"天厌之"是老天都会厌恶甚或是惩罚的。

张着大口　　　犬　　　动物的撕咬
的猛兽

据说南子生得美，不过名声不太好，但孔子在人家地盘，人家要见个面总不能硬顶着不去，子路不高兴，没道理。只是不高兴也就算了，估计还甩脸子给孔子，所以孔子才追在后面连连解释，甚至赌咒发誓说自己没做啥不好的事，不然就让老天爷惩罚我！

我读这段《论语》，常常会笑，子路很直率，孔子很可爱。包括编纂《论语》的弟子，把这样的事也认真记录下来，很有趣。《论语》是有温度的，不是道貌岸然地空谈说教，是一段段活泼泼的故事，一个个活生生的人。

孔子好学，这是他唯一自诩的事。他说"十室之邑，必有忠信如丘者焉，不如丘之好学也"。丘是孔子的名，孔子说："哪怕只有十户人家的小地方，也必定有像我一样忠诚信实的人，但不一定有像我这么好学的。"孔子不认为自己是天才，他说"吾非生而知之者"，只是勤奋努力，才有了渊博的学识。

孔子很谦虚。太宰曾问子贡："孔子是圣人吧，不然怎么会懂那么多呢？"子贡说是老天要把夫子造就成圣人，所以才会赋予他强大的能力和丰富的学识。孔子知道这件事后说："太宰哪里了解我啊，我少时贫贱，所以多能'鄙事'。"

《史记》里记载着几件关于孔子的"鄙事"：有一次他要出行，让弟子们带好雨具，当时天气大晴，弟子不解，可过了一阵子确实下起了暴雨。弟子商瞿年龄很大了还没有子嗣，他母亲很着急，孔子说不用担心，商瞿四十岁之后会有五个儿子，后来果然如此。有一群隼鸟落在陈国的宫廷里死了，身上有木石做的箭，陈湣公派使者向孔子请教，孔子说这些隼是从很远的地方飞来的，那种箭是肃慎部落的，陈湣公于是命人去收纳各方贡物的仓库里找，果然发现了这种箭。季桓子挖井时掘到一个陶罐，里面有一个怪兽模样的东西，对外谎称是狗，孔子说肯定不是，埋在泥土里的，应该是一种名叫"坟羊"的东西。

　　孔子乐学，小时候就自己摆一些瓶瓶罐罐模仿祭礼的动作，成年后曾问礼于老子、访乐于苌弘、学官制于郯子、习鼓琴于师襄……

孔子学琴时有这样一个故事：师襄子见孔子一个曲子都练了十天了还没进入下一首，于是说："你可以学新的了。"孔子说："我还没摸到其中的理法。"过了些天，师襄子说："你已经掌握琴律之道了，练下一首吧。"孔子说："还没体会到曲中的意境。"又过些天，师襄子说："意境已经悟到了，学新的吧。"孔子说："我还没感受到作曲人的情状。"有一天，孔子若有所悟，沉默良久，忽然起身，欢喜地望着远方说："我终于遇见其人了！他皮肤黝黑，身材修长，目光高远，志在四方，除了周文王还会是谁呢？"师襄子听后马上站了起来，向孔子深行一礼，说道："我老师也说过这首曲子很像是《文王操》啊！"

直到晚年，孔子仍学而不厌，以致读《易》"韦编三绝"。古时的书籍大都是用绳子编连起来的简册，"韦"是皮革，"绝"是断开，"三"表示多次，很难想象，需要怎样的研读、翻阅才会使坚韧的皮绳断裂啊！

孔子善学。他曾和子贡聊起："你认为我是学了很多东西并且能记住吗？"子贡说："当然，难道不是吗？"孔子说："非也。予一以贯之。""贯"的甲骨文像是用绳子把中间有孔的物品穿起来，所以有贯穿、贯通的含义。孔子并非不博闻强记，他传授给子贡的，是他学习的秘籍——纷繁复杂的事物中，有普遍的神秘的"一"，找到这个"一"，就可以贯通一切，甚至可以举一反三、推往知来了。这个"一"，就是我们常说的"道"。

有孔的物品　　　绳子　　　贯穿

孔子说自己"十有五而志于学",他还说过"志于道,据于德,依于仁,游于艺"。如此看来,"学"和"道"便有关联之处了。

"学"的甲骨文,下面是个房子,上面有一双倒垂的大手,捧着一个交叉的符号。后来这个符号变成了《易经》里常用的"爻",表示天地万物交错变化的规律。最早的"道"字,两侧是表示四通八达的"行",中间是表示头脑的"首",下面是表示行走的"止",整个字形很像是一个人行至十字路口,迅速判断、选择方向和路径,然后大步行进的样子。

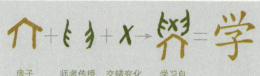

房子　师者传授　交错变化　学习自然之道

行 + 首 + 止 → 衜 = 道
四通八达　首　行走　边思考
的大路　　　　　　边行走

两个字合起来看，"学"字中间的交叉符号很像是"道"里面十字路的缩写，"学"字上面的大手是传授规律和变通的师者，而"道"中间的"首"，该是得了"爻"的智慧才可以笃定、坚实地行走吧。

孔子曾说"朝闻道，夕死可矣"，看来那个"爻"不好学。"学"字中双手和"爻"都在屋外，有没有可能是来自远古先人的传授，或者是上天垂象呢？

传说上古伏羲便是仰观天文、俯察地理而发现天地万物变化之道的，他用阴阳交错的符号创演出八卦卦象，后经周文王推演成

《易》。孔子晚年序《易》，作《彖》《象》《系》等阐明大义，终成《周易》一书。孔子从十五岁志于学，到七十岁"从心所欲不逾矩"，估计是悟了"学"中之"爻"吧。如此，他在《周易》书中记述的，便是毕生所学之心得了。

孔子善学，也善教。孔子的教学，不拘泥于知识，重在传"道"。

子路和冉求曾问了孔子同一个问题："闻斯行诸？"意思是：听闻了道理是不是要马上去施行呢？孔子对了路说："有父兄在，怎么可以听了便做呢？"对冉求说："当然，立刻执行！"公西华问道："同样的问题，您怎么会有不同的回答呢？"孔子说："冉求容易退缩不前，所以要鼓励他进取；子路好勇过人，所以提醒他退而三思啊。"孔子因材施教的背后，我看到的是"爻"中极精

极微的智慧和变通。

陈亢问孔子的儿子伯鱼："你在夫子那儿听到过什么特别的教诲吗？"伯鱼说："没有，不过有一次我经过父亲身边，他问我学诗了吗？我说没有，父亲说'不学诗，无以言'，于是我就去学习《诗》。后来他又问过我学礼了吗？我说没有，父亲说'不学礼，无以立'，所以我就开始学《礼》了。"陈亢高兴地说："我问了一个问题，却得到三方面的收获！知道了《诗》《礼》的重要，还知道了君子并不偏爱儿子啊。"孔子一视同仁的背后，我看到的是"爻"中至简至纯的道理和规律。

孔子学而后教，教而后学，其间循环往复，日益精纯广大的，是"道"。

和悦率真、博学精进、洞明廓远，这就是孔子，可亲又可敬。喜欢这样的人，喜欢这样的学者和师者，用一个又一个的"子曰"告诉我们该怎样活着，怎样的生命才有尊严、有意义。

这些年没事儿就翻一翻《论语》，听他说说话，看着他和弟子们聊天，回味他们曾经的表情和故事，很幸福。翻着翻着，我隐约看见了"学"字上面的那双手，隐约遇见了孔子。

勇猛践行的子路

我读《论语》，最喜欢子路，虽
然他常被孔子骂。被骂不都是坏事
儿，有时候是因为亲近。

　　子路比颜回、子贡大二十多岁，
比曾子、子夏大了近四十岁，是孔
门弟子中绝对的老大，是前辈。子
路二十几岁拜师，只比孔子小九岁，
毕生追随孔子，前后近四十年。几

十年相处，他俩是师生，是挚友，更是亲人。

孔子护犊子，子路只能他骂，不允许别人说不好。鲁国大夫孟武伯曾经问孔子："子路仁乎？"孔子不高兴，懒得理他，只回了三个字——"不知道"。孟武伯还追着问，孔子说："千乘之国，可使治其赋也，不知其仁也。"意思是千乘的大国，子路都可以治理得井井有条，至于是不是"仁"，不知道。

"乘"的甲骨文很有趣，像是一个人爬上大树，站在树杈上向远处眺望的样子。可能是后来人们驾驶或站在兵车上时，常有这种居高临下、视野宽阔的感受吧，所以"乘"有了驾乘、乘坐的含义，后来又引申为"一车四马为一乘"的量词含义了。再后来，"乘"的编制更庞大了：四匹马拉的兵车一辆，车上甲士三人，车下步卒七十二人，随行装备人员二十五人，共计一百人。这样算来，千

乘之国，在春秋时期应该算是不小的诸侯国了。

人　　　树　　　登高远眺

　　子路能治理千乘之国，不是孔子吹牛。有一次孔子和几个弟子聊天，说你们谈谈自己的志向吧。子路不假思索地抢答道："一个千乘之国，夹在大国之间，外有别国侵犯，内有饥荒困扰，我去治理的话，只要三年的工夫，就可以让百姓有保家卫国的勇猛，而且还懂得做人的道理！"《论语》中记载，孔子听到这句话后"哂之"，意思是讥笑。后来有弟子问孔子为什么笑话子路，孔子说：

"治理国家最重要的是礼，你看子路说话，哪里有点儿谦让的意思？"由此可见，孔子不认为子路是说大话，只是不愿见他这种骄气的样子罢了。

不过一个人能如此骄气，往往是有些资本的。孔门十哲中，子路名列政事科。"政"的甲骨文由表示征伐的"正"和表示持械攻击的"攴"组成，意思是出兵讨伐，武力征服。《说文解字》对"政"的解读是"正"，有以强力施行正义的含义。"事"字的甲骨文，主体是表示权杖的"卜"和表示传达命令的"口"，下面是表示抓持的"又"，意思是传达朝廷指令并监督实施。这样看来，"政事"就是指治理国家了。孔子弟子众多，只有子路和冉求以"政事"著称，可见子路是很有些本事的。

足 + 攴 → 政 ＝ 政

征战　　　击打　　　讨伐征服

Y + 口 + 又 → 事 ＝ 事

权杖　　命令　　执行　　传达实施

　　孔子袒护子路，《论语》中还有一个故事。有一次，子路弹奏一种叫"瑟"的乐器，不知道是技法生疏还是曲调不和美，孔子骂他说："这哪像是我的学生啊！"结果别的学生听到了，由此不敬重子路。孔子发现不对，赶紧替子路找面子，说子路已经算是"登堂"了，只是还没有达到"入室"的境界而已。"登堂入室"这个成语，就出自这个故事。

"堂"字上面的"尚"有高级、崇尚的含义，下面的"土"有平坛、宫殿的意思，所以《说文解字》说"堂，殿也"，意思是华丽、高雅的正殿。甲骨文的"室"字，"宀"是房屋，"至"很像是回到家倒头睡觉的样子，所以"室"有卧室、正屋的含义。如此，孔子说子路已经"登堂"，算是很高的赞赏了，至于表示孔子思想精髓的"室"，子路没达到，其他人也难说。

高级　　　平坛　　　殿堂

房屋　　　到家倒　　　正屋
　　　　　头睡觉

子路好勇。《史记》记载，他年轻时喜欢头戴雄鸡式的帽子、腰佩公猪装饰的长剑招摇过市，以彰显自己的勇猛。子路最初看不起文质彬彬的孔子，甚至多次冒犯，孔子不计较，以礼相待。后来子路悔悟，身着儒服，带着拜师礼，请孔子学生引荐，拜孔子为师。孔子周游列国十四年，子路一直贴身跟随护卫。孔子曾感慨道："自吾得由也，恶言不至于门，是非御侮乎！"由是子路的名，这句话的意思是：我有了子路，再没听到过别人说我的坏话，这是子路的功劳。

子路的勇猛，不是市井莽夫的好勇斗狠，其间多了几分侠气和忠诚。他曾经谈及自己的志向："愿车马衣轻裘，与朋友共，敝之而无憾。""裘"是皮衣，"敝"有破败的意思。子路的理想，是能够与朋友一起分享自己的车马裘衣，即便是用坏了、穿破了也不觉得遗憾、懊悔。

对于子路的"勇"，孔子曾严厉地批评过几次。有一次，孔子感慨："道不行，乘桴浮于海，从我者其由与！"意思是："大道在如今世上是行不通了啊，回头我将去海上漂游，能跟随我的恐怕只有子路吧！"那时人们对大海的认知有限，更多的是恐惧，孔子觉得只有子路能追随他，一是深知子路对他的感情，二是了解子路的侠义与勇气。子路听了这话，当然高兴，孔子见了，又骂他"好勇过我，无所取材"，意思是子路的"勇"虽然强过我，但除此之外没啥可取之处！

最早的"勇"字，左边是"用"，右边是"戈"，意思是英武之士持戈而用，无所畏惧。有的金文字形把"用"写成了"甬"，把"戈"写成了"力"，强调了勇武有力、敢作敢当的含义。子路好勇，没什么不好，

023

只是孔子总担心他刚勇太过，容易折断、受挫。孔子对子路的爱，在责骂中都难以掩饰。

使用　　　戈　　　勇敢

　　挫折的"折"，甲骨文字形是用斧子将一棵树砍为两段，所以有断的含义。关于"折"，《论语》中有这样一段话——子曰："片言可以折狱者，其由也与？"子路无宿诺。"狱"是两个表示狂吠的"犬"中间夹了表示诉辩的"言"，很形象地表示了案件中原告被告激辩的样子。"折狱"，就是断案。孔子说唯有子路有听取单方面供词或只言片语就能明断案情的本事。紧随其后的"无宿诺"的意思是子路不轻易许诺，言出必行。在这段话里，我们可以看到子路勇猛背后的"智"与"信"。孔子心里，子路其实是个智勇双全、笃实守信的人。

斧子　断树　砍断树　折

两只犬狂吠　诉辩　激辩　狱

汉代刘向的《说苑》中还记载了"子路负米"的故事，说他从小家境贫寒，非常节俭，经常自己吃野菜，却不远百里背着米送去奉

养父母。如此，子路刚勇的背后，也不乏仁孝的柔软了。

我很欣赏子路。但真正触动我的，是《论语》中的另一句话："子路有闻，未之能行，唯恐有闻。""行"是践行，甲骨文的"行"字很像是四通八达的十字路口，后来引申出行走、行动的含义。子路是行动派，听闻一个道理，一定要去切身践习，如果没有真正理解、消化，融会成自己的思想以至行为，他很怕再听到另一个道理。

孔子常讲"学而时习"，子路之"行"，是"习"的代表。甲骨文的"习"字，上面是表示翅膀的"羽"，下面是"日"，很有些小鸟迎着朝阳练习飞翔的意思。《说文解字》中对"习"的注释是"数飞也"，意思是反复地、一次次地践习起飞。《说文解字》的释义，强调了践习的坚毅与勇猛，如同子路。

翅膀　　　太阳　　　反复起飞

　　子路对学习新知识如此恐惧，很值得深思。孔子教学，不是简单的知识传授，更多的是道德的内化，这样的学习和转化，没有勇猛精进、完善自我的践行和应用，是很难有真正收获的。子路重视学习，更注重知行合一。

　　孔子是懂子路的。他观察身边的弟子，说子路"行行如也"，一副刚勇的样子。孔子很担心，觉得子路不会善终。果然，子路晚年，卫国内乱，他孤身入城救主。战斗中，他的冠缨被击落，子路说"君子死，冠不免"，于是整系帽缨，慷慨赴死。子路以死成就了

自己的气节，终年六十三岁。

孔子听闻卫国内乱，连声说子路是活不成了。对于子路的死，孔子很悲伤，子路死后一年，孔子也去世了。

真性情的子贡

子贡是孔子最亲近的弟子之一。孔子晚年，颜回、子路相继离世，子贡几乎成了他唯一的寄托。孔子去世前，子贡前去探望，病中的孔子拄着拐杖在门口散步，见到子贡，哭着说："你怎么这么晚才来啊，我将不久于世了啊！"只有对子贡，孔子才如此动情与期待。

子贡二十多岁时便师从孔子，追随孔子近二十年。孔子很器重子贡，说"赐也达"。子贡复姓端木，"赐"是子贡的名。"达"是通达的意思。甲骨文的"达"字，左边是"彳"，表示道路，右边是"大"，表示行走的人，有的甲骨文在"大"字下面加了"止"，表示行进，整个字的意思是畅通无阻地行走在大道上。人之处世，难免山高水长，能于险阻中通达无碍，是一种智慧。孔子对子贡的评价很高。

道路　　人　　行走　　畅通无阻地行进

子贡善于经商，是孔门弟子中的首富。

孔子说他"亿则屡中"。"亿"字金文的形状，上面是"言"，下面是"口"，表示言之不尽；篆书时省去了"口"，把"言"写成了"音"，还加了"人"和"心"，于是就有了人内心发出声音的主观意念的含义，后来引申为憧憬、推测。"屡"是常常、多次的意思，"中"有合乎、达成的含义，孔子说子贡预测市场行情每每都能说对。后世尊奉子贡为财神，估计就是崇拜他"亿则屡中"的本事。

音　　　说话　　　音之不尽

《史记》中司马迁专门写了一篇《仲尼弟子列传》，其中着墨最多的是子贡。我读《仲尼弟子列传》，最爱看的也是子贡，尤其是他"存鲁乱齐"的故事。

故事是说齐国大夫田常预谋叛乱，因忌惮反对者的势力，所以想转移他们的军队去攻打鲁国。孔子听说这件事后，问身边的弟子谁能去解救鲁国的危难。勇猛且有军事才干的子路说："我去吧。"孔子没答应，其他弟子请缨，孔子也没允许，后来子贡说："要不我走一趟吧？"孔子说好。

子贡去齐国见田常，游说他转而攻打兵力强大的吴国。子贡说："您多次被授予封号而没能封成，就是因为有人反对，攻占弱小的鲁国算不上什么功劳，反对者的权势反而因此而强大，对您的地位没有好处，而攻打吴国会削弱权臣的势力，您到时就可以专权了啊。"田常觉得很有道理，不过他说齐军已经出兵，忽然改变路线好像有些不合常

理。子贡说："您暂且按兵不动，我去请吴王出兵援助鲁国，您趁机迎击就好了。"

子贡到了吴国，对吴王说："齐国占领鲁国后，国力就与吴国不相上下了，我有些替您担心，您若能出兵援助鲁国，可以彰显正义，还可以镇服强大的晋国，可谓是一举多得。"吴王说："好，可被我打败的越王正在伺机报复，等我攻打完越国后再去援助鲁国吧。"子贡说："失掉树立道义、显示仁德、称霸诸侯的时机实在是太可惜了，要不我去见越王，让他派兵追随您，就可以不用担心了。"吴王很高兴，派子贡到越国去。

越王听说子贡要来，提前清扫道路，亲自驾车到郊外迎接。安排子贡下榻后，说："您怎么屈尊到这蛮夷之地来了？"子贡说："像你这样让吴王时刻觉得要报复他实在是很危险啊！"越王听罢倒地便拜，说："我只想拼死复仇，您有什么好办法吗？"子贡说："你若能出兵辅佐吴王，他便会攻打齐国，若是失败，那就是你的福气了，如果胜了，他一定会带兵进犯晋国，我会让晋国预先准备牵制吴军，你就可以出兵灭掉吴国了。"越王感激涕零，赠送子贡黄金百镒、宝物若干，子贡不要。

　　子贡之后前往晋国，对晋国国君晓以利害，让晋国准备迎战吴军。后来越王派军助吴，吴王发兵伐齐，大败齐军后转而攻晋，被早有准备的晋军打败，越王趁机突袭吴国，最终杀死吴王，东向称霸。《史记》说"子贡一出，存鲁、乱齐、破吴、强晋而霸越"。子贡这次出行，改变了春秋五国的形势和格局，孔子说他"言语"出众，于此可见不虚。

　　子贡善于经商，还能如此强于言辞，应该和他勤于思考有关。他曾问孔子："能做

到贫穷却不谄媚，富贵却不骄横，是不是就很好了？"孔子说："很不错了。不过不如贫穷却能安乐，富贵却能喜好礼法。"子贡说："《诗经》里的'如切如磋，如琢如磨'说的就是这个意思吧？"孔子说："赐啊，以后我们可以谈论《诗经》了，告诉你过去你就能预知未来啊！"

能把"切磋琢磨"和探究事物的精益求精联系在一起，我读到的，是子贡的"思"。"思"字最早的字形，下面是"心"，上面是"囟"。"囟"是指婴儿头顶骨尚未闭合的地方，古人觉得囟门可以感知天地，所以"思"字便很有些用心思考事理、用灵魂感悟大道的意思了。孔子说"学而不思则罔"，一个人的精进，不仅是学习的勤奋，还要有深入琢磨的能力，如此遇事才能不陷入怅惘和迷惑。子贡之"思"，是表率。

囟门　　　心　　　用心思考

子贡也有缺点。《论语》中有这样一句话：子贡方人。《说文解字》对"方"的解释是相并的两只船，所以有比较的含义。另外一种说法也很有意思：甲骨文的"方"像是剃发刺字的犯人，中间是锁颈的枷械，本义是披枷流放的罪人，后来有了批评、指责的意思。

剃发的人　　枷锁　　　流放

子贡和人相处时，喜欢拿自己的长处与人相比或是指摘他人是非。孔子曾说："赐也贤乎哉？夫我则不暇。"意思是说，比别人强就算是贤德了吗？要是我就没这闲工夫儿。孔子大概是劝他与人善处，多在自我精进上下功夫。孔子批评子贡，很婉转。

《论语》中还有这样一段对话：子贡问孔子"赐也何如"，孔子说"汝器也"。子贡问"何器也"，孔子答"瑚琏也"。"器"最早的字形像纵横交错的经脉血管连接着众多内脏，所以有脏器、器官的含义。有的金文字形将中间部分写成了"犬"字，表示有猎犬看护的贵重的器物。"瑚琏"是古代宴享、祭祀时使用的贵重的礼器。孔子说子贡是瑚琏之器，很像是在赞赏他有安邦之才。不过孔子还说过"君子不器"，意思是君子不仅拥有超群的才能，还要追求高尚的道德。

达亿思方器

如此看来，孔子的话，更像是委婉地批评子贡了。

经脉　　　　脏器　　　　器官

　　子贡不完美，但好像恰恰是这种不完美成就了他的真实。我喜欢这种真实，且由衷地敬佩子贡，不仅是因为才华，还有他与孔子的感情，对老师的尊重。孔子去世时，子贡在南方，听到孔子去世的消息，带了一株南方的楷树种植在孔子墓旁。他说如果这棵树能活，就是孔子原谅了他。我想他是认定了南方的树木不能在北方存活的，他认定了孔子不会原谅他不在身边，他很自责、伤心。

可是，那株楷树，后来竟奇迹般地活了。

孔子死后，众弟子守墓三年，然后各自回了家乡。唯有子贡，在墓旁结庐，又陪了孔子三年。孔子死时，子贡四十二岁，六年的光阴，很宝贵。孔子的死，子贡很哀伤。

孔子逝后，子贡的名声越来越大。有人说他比孔子还优秀，甚至有人诋毁孔子，子贡很生气，说孔子如日月，不可比较，不可逾越，不可毁伤。子贡以余生宣扬孔子，司马迁认为孔子之所以名贯古今，大都是子贡的功劳。

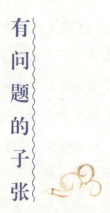

有问题的子张

读《论语》，子张很脸熟。他的名字在《论语》中出现了二十次，仅少于子路、颜回、子贡。子路年长，追随孔子最久，《论语》中出现的次数多好理解；颜回、子贡近乎同龄，和孔子感情很深，出现多次也好理解；子张是孔子知名弟子中年龄最小的，甚至比子贡都小十七岁，

《论语》中频频提及，不可思议。

更有意思的是，子张的名字在《论语》中出现，有四次是孔子和同门对他的评价，有两次是他自己的言语，有一次是子夏的弟子向他求教，其余十三次，都是问孔子问题。可以说，子张是《论语》中问题最多的人。

子张的问题，涉及面很广，包括问仁、问政、问行、问明、问崇德辨惑、问善人之道，甚至包括《尚书》中不解的句子和生活中遇见的人与事。

043

有一次，盲人乐师冕来见孔子，走到台阶旁，孔子说："这是台阶。"走到坐席旁，孔子说："这是坐席。"等到都坐定了，孔子又一一介绍在座的有哪些人。乐师冕走了以后，子张向孔子问道："这就是接待盲人的方式吗？"孔子说："是啊，这本来就是相师之道啊。""相"字甲骨文字形有两种，一种眼睛在"木"的右侧，一种在"木"的上方，前者像是观察树木的成长，后者很像是站在树上举目远眺、视察的样子，所以后来有了辅佐、帮助的含义。孔子说的"相师"，是帮助乐师。

树　　　眼睛　　　举目远望

子张这话，不像是请教，更像是觉得孔子太过繁琐啰嗦了。不过孔子好像也不烦他，耐心地跟他讲道理，说礼节的背后其实是待人之道，要学会"相"，要学会帮助和尊重，这样才能慢慢养成仁德。

子张问过"仁"，孔子说能做到"恭、宽、

信、敏、惠"就算是"仁"了。

甲骨文中"恭"和"龚"是一个字，上面是一条龙的形状，下面是双手供奉，有肃敬的含义；"宽"字中的"苋"表声，"宀"是房屋，本义是宽敞、宽容；"信"最早的字形由"人"和"口"组成，表示开口许诺，有诚信的含义；"敏"的甲骨文很有趣，左边的"每"表示女子生育，右边是一只手的形状，整个字很像是用手去触摸孕妇，孕妇的反应很敏感、强烈，后来引申为迅速、敏捷的含义；"惠"字上面是纺织用的纱锤的形状，下面加了"心"，表示女子纺织时心地清净、善良的情境，所以后来有了仁厚、慈惠的意思。

龙　　　双手　　　供奉

每　　　手　　　敏感

纱锤　　　心　　　内心清净

　　《论语》中好多弟子都问过"仁"，好像最清晰、具体的回答就是这次，而且孔子后面还补充道："对人肃敬就不会遭受侮辱，待人宽容就能得到众人拥护，处事信实会得

以任用，做事敏练很容易成功，施人恩惠足以让人听命于己。"如此条分缕析、不厌其烦，可见孔子对子张很是偏爱。

子张问问题，往往有打破砂锅问到底的执着。同样是关于"仁"，子张曾以楚国名相子文的事迹请教孔子，他说："令尹多次被任命为宰相，没有一点高兴的样子，多次被罢免，也见不到他脸上有怨恚之色，而且在给新宰相交接事务时非常详实负责，这样算是品德高尚了吧？"孔子说："他算是能为国尽忠吧。"子张接着问："难道算不上仁吗？"孔子说："他都没明白什么是仁，怎么会达到仁德境界呢？"子张又问："齐国崔子弑杀齐庄公后，陈文子毅然放弃了富有的家产离开齐国。到了另一个国家，发现那个国家的大臣也像崔子一样，于是又离开了。后来又到了一个国家，见情形还是相同，

所以又走了。您觉得这个人如何？"孔子说："能算是清高吧。"子张问："算不算是仁呢？"孔子说："他也没达到仁的高度啊。"

遇事不明，问；思考道理，问；明理之后对应实例，还要问。子张的"问"，细想起来很有些精益求精的意思。"问"的甲骨文和现在的字形一样，外面是"门"，里面是"口"，意思是在门口问话。《说文解字》对"问"的释义是"讯"。"讯"的甲骨文，左边是"口"，右边是一个人被反绑双手的形状，本义是审问。这样看来，"问"字的"门"便有拘禁、牢狱的意象了。表示审讯的"问"后来引申出请教、咨询的含义，其中是否有一个人遭遇困顿，陷入事理思考的困惑中不能释然的情境呢？

门 ＋ 口 → 問 ＝ 问
门　　　说话　　　在门口问话

说话　反手的人　绳索　　审问
口 ＋ 又 ＋ 8 → 哭 ＝ 讯

　　解决"问"的拘禁和困惑，最好的办法是有人从外面打开紧闭的"门"。甲骨文中就有这样一个字——右边是半扇门，左边是一只手，表示将门打开，这个字是启发的"启"。还有的甲骨文在下面还加了个"口"，于是就有开口教导使人开窍的含义了。

手　　　半扇门　　打开门

这样看来，古人对"问"和"启"都是很重视的。没有深入的思考，就不会有"门"的困顿，而不经历困顿，也就无"门"可启。没"门"的"问"，只是随便说话；没"门"的"启"，也只能是说教了。如此，问者无益，启者无功，孔子说"不愤不启"大概就是这个意思，瞎耽误工夫儿。

孔子对子张的"问"该是赞许的吧，所以才会说那么多话，他觉得子张真是思考了，觉得这样的人才可造。不过好像孔子也有点儿觉得子张问题太多了，而且有些偏执，所以评价说"师也辟"。师是子张的名，他复

姓颛孙。

　　"辟"的甲骨文，左边是个跪着的人，右边是表示刑具的"辛"，有的字形中间还加了人头的形象，本义是行刑杀人。人被砍头算是极刑，罪行没有商议的余地了，所以后来有了透彻、精辟的含义。孔子说子张"辟"，应该是说他性情偏激，处事执着的意思。包括《论语》里子贡曾经问孔子卜商和颛孙师谁更优秀一些，孔子说"师也过，商也不及"，意思也是说子张待人处事有些"过"了。

跪着的人　头　刑具　　行刑

孔子周游列国被困陈蔡时，子张问孔子："如何才能让自己到处都能行得通？"孔子说："言语忠信，行事笃敬，即便到了蛮貊之地也是可以行得通的，否则就算是在本乡本土也会处处碰壁。"孔子还说："站着，就仿佛看到忠信笃敬这几个字显现在面前，坐车，就好像看到这几个字刻在车辕前的横木上，这样才能使自己到处行得通啊。"《论语》记载，子张听完孔子的话后，恭敬地把这些话写在腰间的大带上。

孔子被困陈蔡时六十三岁，子张小孔子四十八岁，也就是说，当年子张只有十五岁。能问出这样的问题，还能用心记录，子张对待孔子、对待学习的态度可谓崇敬精诚了。子张虽"辟"，其精神却也是我们常人所不能及的。孔子对子张，要求很高。

子张有问题，但或许正是这样的勤学善

问，才造就了他的进步和成长。《韩非子》记载，孔子逝后，儒分为八，而"子张氏之儒"位居八个学派之首。东汉画像中，有孔子见老子图，图中跟随孔子的弟子很多，但标注了姓名的只有子张、子路、子贡等寥寥几人。三国时，有人称"子张、子路、子贡"有"亚圣之德"。《孔丛子》记载，孔子曾说"吾有四友"，分别是颜回、子贡、子张、子路，他还说"自吾得师也，前有光，后有辉，是非先后乎"。能在孔子心目中与颜回、子贡、子路并列，子张的问题并不大。

鲁钝自省的曾子

有一次，孔子和几个弟子闲坐，孔子让他们谈谈自己的理想。子路说可以让一个大国的百姓骁勇善战，有礼有节；冉有说能让一个小国的百姓丰衣足食；公西华说想在国家的礼乐仪式中做个主礼人。有个叫曾皙的人一直在旁边弹奏一种叫"瑟"的乐器，孔子问到他时，才慢悠悠地停下来，把瑟推到一边，站起来说："莫春者，春服既成，冠者五六人，童子六七人，浴乎沂，风乎舞雩，咏而归。"意思是暮春三月，穿上新裁的春衣，约五六个成人，携六七个孩童，去沂河里洗个澡，在舞雩台上吹吹风，兴尽而返，一路放歌……

《论语》里最美就是这段话吧，像散文诗，辞美，意美，情美。孔子也很感慨，说"吾与点也"！"点"是曾皙的名，孔子觉得曾皙说出了他的向往。曾皙，是曾子的父亲。

曾子好像没有遗传他父亲的洒脱。孔子说"参也鲁"，"参"是曾子的名，"鲁"是迟钝。"鲁"的甲骨文，上面是一条鱼的形状，下面是"口"，像是人吃鱼时不好张口说话，怕卡到刺而谨慎沉默的会意。《说文解字》的解读是"钝词"，意思是言辞表达钝拙迟缓，后来有了不够聪敏、反应迟钝的含义。曾子十六岁拜师，孔子那年六十二，身边一堆高材生。孔子说他"鲁"，大概是说"这孩子有点儿笨"。

鱼　　口　　　沉默吃鱼

关于曾子的"鲁"，《韩非子》中有这样一则故事：有一天曾子的老婆要去集市上买东西，结果儿子又哭又闹非要跟着，他老婆懒得带，哄儿子说回来杀猪炖肉给他吃。结果赶集回来看见曾参真在院子里准备杀猪呢，气得大骂："哄小孩儿的话你也当真？笨死了！"曾参说那不行，说话要算数，这猪要不杀，就是教孩子骗人！曾参杀了猪，他儿子美美地吃了顿肉。

估计那时候家里养猪、吃肉不是件容易事儿，而且曾子家贫是出了名的，《庄子》里说他在卫国居住的时候，三天不生一次火做饭，十年不换一件新衣服，甚至到了"捉襟见肘"的地步。如此，曾子教育孩子的成本确实有点儿高，难怪他老婆着急。不过，话说回来，曾子儿子或许由此更加信任母亲，继而懂得相信别人，自己也不会成为奸诈小人，这份优良品行的价值不是一头猪可以比的。曾子虽鲁，却是个有远见的实诚人。

汉代刘向编纂的《说苑》中还记载了这样一件事：鲁国国君外出，见曾子衣不蔽体地在田里耕种，心中叹息，于是派人送他一块封地，曾子辞而不受，再送，还是不要。使臣说："这又不是你求来的，是别人主动给你的，为什么不要呢？"曾子说："接受别人馈赠的人会害怕得罪赠予者，赠予别人东西的人会对接受者显露骄色，即便是国君不因此对我有骄慢之气，但我没办法不对国君畏惧啊。"拿人手短，很钦佩曾子的气节。

为了养活父母，曾子做过一个小官，后来只是教书种地，不再出仕。《韩诗外传》说曾子五十岁时，齐国聘他为相、楚国邀他做令尹、晋国请他做上卿，他都没去。这些事或许都能看出曾子的"鲁"，不过这种鲁的背后，我看到的是见义忘利、安贫乐道。

或许是大智若愚，孔子并没真觉得曾子笨。《论语》里有这样一段情境：孔子对曾子说了一句"吾道一以贯之"，然后就走了，学生们很蒙，问曾子啥意思，曾子答："夫子之道，忠恕而已矣！"一群学生，孔子只对曾子讲，没头没尾的，应该是觉得曾子能懂，且能讲给同学们听。但我读这段话，总

觉得孔子偏心。

忠恕的"忠"，不是效忠，而是居心中正、神思精诚。"中"字的形状很像是把事物从中间一分为二，所以有中间、均衡的含义。《说文解字》对"中"的释义是"内也。从口。丨，上下通"，意思是事物内在的部分，中间的一竖表示上下贯通。曾子的弟子子思在《中庸》里对"中"的定义是"喜怒哀乐之未发"，意思是情绪及事物处于混元一体，尚未生发时的状态。古人觉得这种状态最接近"道"，而"道"是能通贯所有事物的内在核心规律。这样看来，用"中"字解读孔子的"一以贯之"很是契合。

事物　　　上下贯通　　　内在的部分

"心"有思考、判断的含义，所以"忠"便有了思虑事物不偏不倚，了悟世间大道至简至纯的意象。"恕"字中的"如"，甲骨文的字形左边是"口"，右边是"女"，像是女子应答、顺从的样子。有的甲骨文把"女"写成了"每"，强调母亲的形象，于是"如"字便多了一份母性的慈爱、包容与随顺。"恕"有宽恕、饶恕的含义，该是由此而来，像是母亲待自己的孩子。

口　　　女子　　　顺从

　　《墨子》中讲"恕，明也"；《说文》中讲"恕，仁也"；《贾子》里讲"以己量

人谓之恕"……明理、仁爱、遇事能将心比心，古人对"恕"的理解和重视由此可见一斑。于事理能秉持中道，于人情能宽容明达，曾子对孔子一以贯之的"道"，解释得可谓精微了。曾子是真懂了孔子，而孔子，对曾子也真是用了心。孔子晚年，颜回早亡，不得不另行物色传承人。曾子，像是孔子选定的人，所以孔子去世前把孙子孔汲交给曾子调教。孔汲，就是子思。

　　孔子弟子众多，唯独选了曾子传授大道，该是看中了他"鲁"背后的笃实和内省。"省"的甲骨文，上面是一株草，下面是大大的眼睛，眼睛不看枝叶，而是细细观察草木生长的根，所以有了追究根本的含义。金文时，上面的草被写成"生"的样子，像是表示审视事物的起始和生发处。有的金文字形下面加了"心"，于是便有了反观自性和反思、反省的含义了。一个人获取知识、听闻道理并不难，难在时时依此检点自身、反求诸己。省，是曾子精进的秘诀。

草　　　观看　　　追究根本

反观　　　心　　　反思自性

　　《论语》第四句便记录了曾子的"省"——曾子曰："吾日三省吾身：为人谋而不忠乎？与朋友交而不信乎？传不习乎？""谋"在《说文解字》里的释义是"虑

难"，意思是思考、谋划如何解决困难，曾子之"省"，第一是帮人解决困难时是否能合乎道义，是否能做到不夹杂私欲而处事中正。"信"是道义在为人处事上的核心呈现，曾子之"省"，第二是与朋友交往时能否秉持信义。"传"是传承的意思，曾子之"省"，第三是从老师那里传承下来的大道自己是否能够在生活中践习和应用。

　　孔子教曾子，像是从"孝"入手的。据说曾子随父在瓜田锄草，不慎割断瓜根，他父亲责他用心不专，用木棍打他，不小心打昏了曾子。曾子苏醒后并无怨恨，反而是在父亲面前弹琴唱歌，以示身体无恙。孔子知道这件事后，教育曾子"小杖则受，大杖则走"，意思是如果打得狠了要逃跑才对，否则真出了事，就是陷父亲于不义，这就不是真正的"孝"了。

"孝"字的甲骨文，下面是"子"，上面是须发皆长的"老"，像是表示儿孙搀扶老人。我看这个字，常常能想到曾子受责打后在父亲面前欢快唱歌的情景。曾子的"孝"，不只是赡养恭敬，更是能体谅父亲愤怒失手之后的自责。孔子点拨曾子，恐怕也是看到了曾子孝心背后的仁德了吧。

老人　　孩子　　孝敬

　　曾子得了孝道真传，所以有《孝经》流传于世。孔子去世时，二十七岁的曾子"无服"而丧。"无服"是古代丧礼中父亲去世后儿子穿衣的礼制，曾子视师如父。总觉得"孝"

字下面的"子"有传承的寓意，曾子毕生传习、传播孔子的思想，或许也和他孝待孔子有关吧。

我读《论语》，最能激荡心胸的话都是曾子说的。"士不可以不弘毅，任重而道远。""可以托六尺之孤，可以寄百里之命，临大节而不可夺也，君子人与？君子人也！"如此丈夫气概，仿佛可以想见孟子一脉相传的凛然正气和家国情怀。

曾子不做官，不是不问国事，只是觉得天下失道，他更该做的是教育。这一点，细想想，有他父亲的影子，有孔子的风骨。孔子的思想，由曾子传子思，子思再传，至孟子发扬光大，以致形成"思孟学派"，所以后世尊曾子、子思、孟子为宗圣、述圣、亚圣。一门三圣，曾子虽"鲁"，不辱师门。

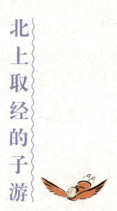

北上取经的子游

孔子弟子，绝大部分是鲁国人。来自其他诸侯国的屈指可数，而且大都和鲁国交界，比如子贡、子夏的家乡卫国就是鲁国的西邻。有史料记载的知名弟子中，好像只有一个来自远方，这个人叫言偃，也就是《论语》中常提到的子游。

子游是吴国人，小孔子四十五

岁，据说曾随孔子游于陈蔡。孔子离开陈国去蔡国那年六十三岁，算起来，子游十八岁之前就师从孔子了。吴国地处江南，离孔子游走之地甚远，一个十几岁的孩子，去国离乡，不远千里北上求学，想想很是需要一种志气。

那时的吴国被称作"南蛮之地"，"蛮"最早的字形是"言"字两旁系着"丝"的形状，后来又加了强调蛇兽形象的"虫"字，本义像是绑系动物加以驯化，后来有了未开化的南方边远地区的含义。春秋时期，吴国偏远且战乱不断，百姓得不到良好的教育，子游跋山涉水追随孔子受教，该是怀揣着教化吴人、造福家乡的愿望，这很有些唐僧取经的意思。

訓诂　　　丝绳捆绑　　　未开化

　　孔子归鲁后列举的"四科十哲"中，子
游名列文学科之首。那时的"文学"，是指
有关诗书礼乐的典章文献，子游二十几岁能
受此盛赞，可见其勤奋好学。子游在礼乐方
面的研究非常深入，以致和子游分歧颇重的
曾子都自叹不如。

　　《礼记》中记载，有一次参加丧礼，曾
子见子游袒露着内衣，于是对人说："这哪
里像精于礼法的人啊！"后来丧礼进行到一
个环节时，子游快步走出，在外面掩好内衣
系好丧带再走进来吊唁。曾子这时才记起依
照礼制本该如此，于是连声说道："我过矣，

我过矣，夫夫是也。"意思是"我错了，是我错了，还是子游做得对啊"。

子游以知礼名闻当世，古人有这样的叙述："时人以典礼质问者，十有四皆以游一言为可否。"意思是世人对礼乐典章制度不明白时，常向子游请教，而且近乎半数的人以子游所讲为标准，不再去查找资料或询问别人。如此看来，子游很像活辞典。

古人很重视礼，甲骨文的"礼"字，下面是"壴"，很具象地表现了有脚架的建鼓的形状，上面是两串打了绳结的"玉"，表示击鼓献玉，敬奉神灵。金文时，有的字形加了"示"，强调了"礼"的祭拜含义。

建鼓　　　打结的玉串　　　击鼓献玉

伴随"礼"，往往有"乐"。"乐"字最早由"木"和"丝"组成，表示木枕上系着丝弦的琴。古人很聪明，很早就发现在木板上绑上丝弦能弹奏出优美动听的声音，于是慢慢发明了琴瑟之类的乐器，这就是"乐"字的由来。后来，人们把乐器上演奏出来的美妙的旋律也称作"乐"。金文时，有的字形在丝弦中间加了表示说话的"白"，有了随着琴歌唱的情境，并由此衍生出快乐的含义了。

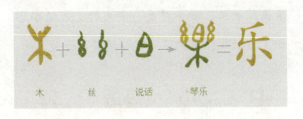

木　　丝　　说话　　琴乐

　　不过孔子讲授礼乐，并非停留在这些

形式上，而是依此涵养心性德行，并将其运用到教国治民中。孔子曾讲："人而不仁如礼何？人而不仁如乐何？"意思就是一个人若不修养仁德之心，践行礼乐还有什么意义呢？

《论语》中有这样一段话——子游曰："子夏之门人小子，当洒扫应对进退则可矣。抑末也。本之则无，如之何？""洒"字的甲骨文很有趣，左边的弧线表示水，右边像是用绳线系扎的布包，意思是用布包吸水，然后甩动布包让水均匀洒落在地上。扫地前先洒水，以免灰尘飞扬，这是常识，但"洒"字甲骨文中的布包，让我们看到了古人的细致与精巧。由此，子夏让弟子从这些扫地、应答、进退行走的细节入手学习礼仪，培养精心、专注和分寸的把握，也不失为一种行之有效的教育方法。不过子游觉得这些都是

细枝末节，该从礼乐之后的仁义之本教起才对。子游这话，尽得孔子精髓。

水　　　布包　　　甩动布包洒水

参悟礼乐背后的仁德，并将礼乐应用于教化百姓，《论语》中好像只有一个案例：子游随孔子返回鲁国后，被任命为武城宰，管理一方百姓。子游治理武城，非常注重礼乐之教，由此民风大变，政通人和，境内常有弦歌之声飘扬。孔子听说后，不顾年迈，携弟子前去探望。孔子到武城后，听到弦歌之声，笑着对子游说："割鸡焉用牛刀？治理武城这么小一个地方，用得着推行礼乐以教化百姓吗？"子游回答说："我曾听您教导过，君子学了大道后会更加仁爱，普通人学了大道后会更加明理，我推行礼乐，就是希望以仁爱之心让百姓安居乐业啊。"孔子听后，转身对随行的弟子说："你们记住了，子游说得对，我刚才那话是开玩笑的……"

孔子在《易经》中讲"观乎人文以化成天下"，意思是观察人事的道理、规律以教化成就天下，"文化"一词便是出自这里。"文"的甲骨文像是多条交错的线条组成的图案。远古的祖先会在岩壁或兽骨上刻画图形以记录事物或想法，所以"文"的本义是图画性的表义符号。金文时，有的字形在中间加了"心"，强调了用线条、图案表达思想意识的含义，后来引申出现象、纹路、道理的含义。

交错的线条　　　　　心　　　　　表达思想　　　　文

　　"化"的甲骨文由一个头向上的人和一个头向下的人组成，表示生死的转化。《说文解字》对"化"的解读是"教行也"，意思是教化施行。"化"字由生死变化到教化的含义转变，背后应该是古人对于教育改变生命的认知。由此想来，"以文化人"就是孔子毕生追求的理想吧。子游在武城，践行甚至是实现了孔子的理想。

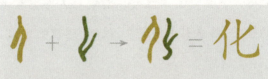

头向上的人　　　头向下的人　　　生死转化

子游做武城宰时，孔子曾问他有没有从那里得到贤才，子游说有一个叫澹台灭明的人，做事从不投机取巧抄近路，而且没有公事的话从未到他屋里来过。这段话里，我们能看到澹台灭明的德行，也能看出子游为官的清廉。

孔子应该是见过澹台灭明的，而且曾经因其相貌丑陋而嫌弃、疏远过他，所以后来叹道："吾以貌取人，失之子羽。"子羽是澹台灭明的字，孔子感慨自己看错了人。后来澹台灭明从学于孔子，学成后到江淮一带讲学，因德行高尚、知识渊博，弟子达三百人之众，享誉大江南北。这样看来，在识人方面，子游竟是青出于蓝了。

或许是欣赏子游的勤学致用，或许是感叹在子游身上看到了自己理想的希望之光，孔子曾说："吾门有偃，吾道其南。"意思是说"有了子游这位弟子，我所证悟的大道终将传往南方啊"。

孔子晚年曾倾力培养后学，子游是他最为关注的弟子之一。《礼记》记载，有一次子游陪侍孔子，见孔子仰天长叹，于是问老师，为什么叹息？孔子说自己是感慨没有赶上大道施行的时代啊，然后问子游，想不想听他讲讲心中的愿景？子游当然受宠若惊，于是孔子侃侃而谈，独授子游礼之大道。我们现在常见的"天下为公""大同""小康"等词，就是那次秘传中孔子说的话。

子游二十八岁，孔子去世。守墓三年后，子游南归授徒讲学，继承和发扬了孔子的学说，史书记载"吴中弟子从之游者以千计"，被誉为"南方夫子"，其后学在战国时形成了一个颇有影响的学派。

可惜，如此贤能的子游，其思想和学说

蛮礼齐

079

文化

并没有很好地传承下来。不过我们仍能从《论语》中寥寥数语的记载中，窥见他卓异的学识与才华。孟子认为，子游和子张、子夏一样，"皆有圣人之一体"。在孟子眼中能有类似孔子的一面，子游是真担得起"十哲"之位的。

不守诺的颜回

颜回见孔子时还是个孩子。颜回
的父亲就是孔子的弟子，而颜回
十三岁也拜入孔门，自此终生不离
孔子。孔子与颜回，情同父子。

孔子偕弟子周游列国，路过
一个叫匡的地方，被当地人围困，
师生失散。颜回后来找到孔子时，
孔子动情地说："我还以为你死了

啊！"颜回低声回道："您在，我哪里敢死？"我不大敢想象当时的情景，不敢想象孔子的悲喜交加，不敢想象颜回的简单与坚毅。我理解，"不敢死"只是不愿白发人送黑发人。

颜回生性沉敛，不大爱说话，以致孔子最初觉得他有点儿傻。孔子说："吾与回言终日，不违如愚。"意思是"我天天给颜回讲啊讲，从没见他有过疑义，是不是傻"。

"违"字很有趣，金文字形由三部分组成，左边是表示路口的"彳"，下面是表示停止的"止"，右边的"韦"围绕城邑巡逻守护，整个字形看起来很像是在戒备森严的城门口，有人被守卫的士兵拦住，禁止入城，责令远离，所以有了违背、背离的含义。《说文解字》把"违"解读成"离"，大概也是这个意思。"愚"字上面的"禺"像是人手持面具舞蹈、表演的样子，下面的"心"强调了不明真相、内心疑惑的含义。

路口　　巡逻　　停止　　违背

手持面具　　　心　　　不明真相

　　这样看来，孔子教学生，不怕学生有问题，甚至不怕学生背离自己所讲的道理和知识，孔子欢迎抬杠。能抬杠说明是真琢磨了，而且有了自己的见地，只要不是无理取闹，总是件好事，甚或还能激发灵感，淬炼思想。其实学习新知识，不大可能没有"惑"。学而无惑，要么是没用心学，要么就是没认真思考。颜回不像是不用心，没有问题，就是问题。

孔子错看了颜回。后来他说："退而省其私，亦足以发。回也不愚！"

"退"的甲骨文有表示食器的"豆"和倒着的"止"组成，意思是脚步朝着与餐具相反的方向行进，有离开的含义；"省"字甲骨文像一只大眼睛伏在地面观看草木根部的样子，有细致观察的意思；"私"字甲骨文像头朝下、尚未出生的胎儿的形状，表示神秘、未知，篆书时加了"禾"，表示暗藏的粮食，后来引申出私下、隐藏的意象；"发"的甲骨文很形象，上面是两只脚，表示助跑，下面是手持标枪的样子，本义是发射，后来有了拓展、开启的含义。

食器 ＋ 倒着的"止" → 离开 ＝ 退

胎儿 ＋ 禾谷 → 暗藏的粮食 ＝ 私

助跑 ＋ 手持标枪 → 发射 ＝ 发

违退私发觉由

　　孔子以为颜回没听懂，结果发现他离开课堂后，在生活里的所作所为与所学相合，甚至还有更好的发挥和应用，于是感叹道："颜回哪里是愚钝啊！"

孔子教学，不强调知识的灌输，重在诱发学生思考。他说："不愤不启，不悱不发。""愤"是百思不得其解，郁结于胸；"悱"是隐约明白但说不出来；"启"和"发"都是开启和教导。孔子说如果没有达到"愤"和"悱"的情境就没办法接受启发。孔子还说："举一隅不以三隅反，则不复也。""复"的甲骨文，上面像是两端都有出口的城邑，下面是倒写的"止"，表示往返于城门，有重复的意思。孔子的意思，一个人学习，若不能做到举一反三，就没必要再重复教了。

两端有出口的城邑　　反方向行走　　往返于城门

孔子满心要"启"颜回，没想到颜回自己就能"发"了，他嘴里说着"回也不愚"，心里实在高兴得很。有一次他跟眼光颇高的子贡聊天，说："你跟颜回比，谁更好一点儿？"子贡说："我哪敢跟他比啊，颜回闻一知十，我只能闻一知二。"孔子说："比不过吧，比不过吧，我跟你都比不过啊！"孔子说这话时，一定很得意。

能"闻一知十"，细想起来很是难得，该是从一件事物中觉察到那个不变的"道"了吧，所以才能依此变通，广为应用。我看"觉"字，总能看到"学"而后能"见"的意象，由懵懂的"子"的安心接纳，到自己睁眼看世界，生出自己的真知灼"见"，若没有经历师者的启发，那必然是一种天分，是一种大智慧了。孔子说"温故而知新，可以为师矣"，意思是能从故旧的知识中有新

违退戈
觉由

087

的发现，听起来简单，实在是需要有"觉"的功夫才能做得到。自学后能"觉"，当然可以为师矣！颜回，是"学"的典范，是"觉"者。

孔子发现"回也不愚"时，颜回应该还小，如此天资，难怪孔子对颜回青睐有加了。很可能，从那时起，孔子就把颜回视为自己的传承人了。

《论语》中，孔子多次盛赞颜回。他说"贤哉，回也！一箪食，一瓢饮，在陋巷，人不堪其忧，回也不改其乐。贤哉，回也"！意

思是：颜回真是贤德啊，一竹筐饭、一瓢凉水，居住在破陋的小巷里，别人都受不了的艰苦和忧愁，颜回却有着从未改变的快乐，颜回真是贤德啊！他还说"其心三月不违仁"。三个月是一个季节，孔子说我们能看到季节的变换，而颜回的"仁"却从未改变过……孔子周游列国返鲁，曾列举得意门生十人，颜回居其首。

孔子喜欢颜回，不只是因为他聪慧和仁德，更是因为他懂得。孔子悟道之深，众多弟子没几人能懂，所以孔子才会"循循然善诱之"，孔子的孤独，我隐约能体会得到。

《论语》中记载，颜回曾喟然叹曰："仰之弥高，钻之弥坚，瞻之在前，忽焉在后。"意思是孔子心中的大道，越仰望越显得高远，越钻研越觉得坚固，看它有时就在眼前触手可及，忽然又跑到后面无影无踪了。甚至他还感慨道："虽欲从之，末由也已。""末"
的本义是末梢，后来有了细微不可见的意思；
"由"的甲骨文像是将油滴从器皿的小口上
注入的样子，所以有了起始、穿过的含义。
颜回的叹息，是说他虽然想极力追随老师，
可总觉得找不到入手处和路径啊！我读颜回
这段话，没觉得他是奉承，只看到了他的"懂
得"。

油滴　　　器皿　　　注入

　　可惜，颜回没有践行自己说的话。他终
究还是死在了孔子前面，终究让白发人送了
黑发人。

颜回死，孔子悲痛欲绝，大呼："噫！天丧予！天丧予！"孔子觉得这是老天爷不想让他活了。颜回死时，孔子七十一岁，毕生所学后继无人，颜回不该死。孔子与颜回，一体两人，后世尊颜回为"复圣"，我总觉得这里的"复"字，有重叠、等同甚或复制的意思。孔子满心指望自己逝后有颜回续他绝学，颜回一死，孔子丢了半条命。

颜回死，弟子想厚葬他，孔子不同意。回来弟子们没听，坚持厚葬了颜回。孔子叹道："回也视予犹父也，予不得视犹子也。非我也，夫二三子也！"古人极重丧礼，依那时的礼节，父亲在，儿子早亡，葬礼是不可以太隆重的。所以孔子说颜回待我如父，我却不能以儿子的礼制安葬他，罪不在我，都是你们这帮家伙的错啊！

颜回死，孔子哭泣不止，哀伤过度。弟

子见他伤恸太过，劝他节哀，却被孔子骂道："这就算是伤恸过度了？这个人死我都不悲恸，还有什么可悲恸的！"

孔子常讲"不怨天，不尤人"，他还常讲"过犹不及"，颜回的死，让他乱了方寸。

以致后来，有人问孔子："你的弟子中有谁好学？"孔子仍旧想到颜回，哀伤地说："有一个叫颜回的很好学，能做到不迁怒于人，同样的错误不犯第二次。可惜早早就死了，现在没有了，没听说谁好学。"孔子这话里，我听到了绝望。

颜回死后两年，孔子也溘然长逝了。

爱抬杠的宰予

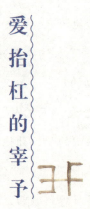

汉字与论语

094

我对宰予有偏见。读《论语》，其他人记不住，宰予则是忘不掉的，原因是孔子骂他的那句话："朽木不可雕也。"这话很熟悉，小时候淘气，且屡教不改，老师批评多了，最后总是摇摇头叹口气，然后再加上这句话。

朽是腐烂的意思，雕是雕刻，

意思是没法儿雕刻成器的烂木头。"雕"应该是从"彫"字演化合并而来的。"彫"字左侧的"周",甲骨文的形状像是种满了庄稼的田园,后来突出了"田"字筑埂划界的意象,于是有了圈地而种的围墙的意思,金文时有的字形省去了田里的庄稼,又在下面加了"口",强调了圈围的含义。"彡"表示花纹,所以"彫"字本义是在物体周围立体雕琢,刻画美丽的纹饰,制成精美的器物。

围地而种　　花纹　　立体雕琢

这样看来,被批评是好事,至少还算是块材料,还有"雕"的价值和意义,真像是

孔子说的"朽木"，实在是有些悲哀了。不过孔子骂宰予，好像是气话，因为"朽木不可雕"之后还跟了一句"粪土之墙不可圬也"。"圬"是指古代泥瓦匠用抹子抹墙，那时的墙大都是用泥土筑成的，最后要抹平才美观。不过有些墙是不需要这道工序的，比如我在西藏见过的用牦牛粪垒起的"粪墙"。孔子用粪土之墙来比拟宰予，看来真是气坏了。我每次读这段都会笑，原来孔子也有吹胡子瞪眼说脏话的时候。能把温和敦厚的孔子气成这样，宰予是真差劲。

宰予惹孔子生气，不止这一回。有一次，他问孔子："如果告诉一位君子井里刚刚掉下去一个有仁德的人，他也要跟着跳下去吗？"这个问题不好答，见死不救肯定不行，自己跳下井也不是个办法。宰予这话很像是刁难。孔子说："何为其然也？君子可逝也，不可陷也；可欺也，不可罔也！"逝是去往的意思，罔有迷惑、愚弄的含义，孔子这话的意思是："为什么要这样做呢？君子当然会去救人，但不能让自己也陷进去啊；人可以被欺骗，但不可以被愚弄！"孔子的回答，我听出了不开心。

其实，宰予问的"井有仁焉"是一个典故。《左传》里记载：有一个叫狂狡的宋国人与郑国军队战斗时，见一个郑国士兵掉进井里，于是用自己的戟把那个士兵拉了上来，没想到郑国士兵一上来就把狂狡制服，俘获了他。宰予跟孔子探讨这件事，大概是觉得当时世道之乱，推行仁德未必能行得通，甚至会被伤害。细想想，宰予这话不是没道理，孔子周游列国推行仁政，结果四处碰壁，没人肯采纳他的思想和建议，根本原因就是这个问题——我讲仁政，别的国家不讲，不是明摆

着挨打受气吗？如此，宰予之问便很有些不盲从的意味，而且甚或涉及了孔门教育的方针和路线。

宰予有自己的思考和见地，还体现在《论语》的另一段对话中。宰予跟孔子说："居丧守孝之礼，三年的时间太长了。君子三年不参加礼乐活动，会导致礼坏乐崩，对社会而言是一种损失。我觉得一年的时间也就可以了。"孔子说："守丧一年后便锦衣玉食，你能安心？"宰予说："安。"孔子说："安？你就做吧！反正一个君子在三年丧期之内是吃啥啥不香，听啥啥不乐，甚至居住做事都没办法安下心来的。你能心安，那你就去做吧！"孔子这话，明显是有些生气了，没想到宰予也没说啥，转身走了。孔子很窝火，愤愤地说："这家伙也太没仁德了！你出生三年才离开父母的怀抱，而且三年是天下通行的规定啊。宰予这家伙，难道是没得到过父母的疼爱吗？"

　　甲骨文的"丧"字，中间是一棵桑树，枝干之间加了四个"口"，表示有很多的蚕在蚕食桑叶，最终吃光了叶子。金文时，将桑木形写成歪着头的样子，同时加"亡"字，强调了消失、消亡的含义。古人很注重丧礼，孔子谈孝，专门提到了"葬之以礼，祭之以礼"，也就是能够严格地依礼丧葬，包括之后的祭祀、祭拜，都是孝行。

桑树　　　蚕食　　　吃光桑叶　　　丧

桑 + 匕 → 桑匕 = 丧

歪头桑树　　消亡　　死亡

　　孔子的思想传到曾子时，甚至把丧礼提高到民风教化、国家治理的高度。曾子曾说："慎终追远，民德归厚矣！""终"是终结，"追"是追慕的含义，曾子的意思是要谨慎对待丧事及祭拜之礼。"厚"字的甲骨文由表示山崖的"厂"和表示祭祖庙宇的"享"的倒写形状组成，本义是在山岩崖壁开凿陵墓，后来引申出厚葬、深厚的含义。"民德归厚"的意思是百姓的德行就会回归厚道的本性了。由此可见，宰予所处的时代，时人及孔门是何等重视丧礼，宰予敢对"三年通丧之礼"提出质疑，很是需要些勇气的。

厂 + 曰 → 厚 = 厚
山崖　　倒写的祖庙　深厚

　　宰予没有反对守丧，只是觉得三年的时间有点儿长，给出的理由也合情合理，孔子的回答不能服人。不过这个宰予也确实不像样儿，老师问你安不安，不说话也就是了，偏偏顶着来；老师在气头儿上说几句也就算了，你还甩袖子走了，一点儿面子都不给，活脱脱一个坏学生。

　　《论语》中还记录了一段宰予的对话："哀公问社于宰我。宰我对曰：夏侯氏以松，殷人以柏，周人以栗，曰：使民战栗。""社"的甲骨文是一个土堆的形状，古人感念土地的滋养，所以聚土成墩，以祭拜地神。有的金文字形由强调祭祀的"示"、表示大地的"一"和"木"组成,意思是植树代表地神,以便祭祀,后来引申出土地主人象征的含义。鲁哀公问"社",大概有祭拜社坛,宣示自己为鲁国君主的涵义。

示　＋　　→　　＝　社

祭祀　　植树　　植树祭神

鲁哀公在位时,鲁国大权被三家士大夫把持,他想恢复君权,所以请教宰予。宰予说夏朝在社坛种植松树,殷朝种植柏树,周朝种植栗树。松柏有基业长青的寓意,而种植栗树,宰予说是为了使百姓战栗,让人民臣服。其实周朝植栗,应该是期冀五谷丰登,百姓丰衣足食，宰予不会不懂，他用"使民战栗"来解释，像是建议哀公强行夺回朝政。宰予有见地，但不明说，借树喻事，很是高明。

不过孔子听说后，对宰予说："成事不说，遂事不谏，既往不咎。"意思是已经形成的事就不要再说了，已经决定的事就不要再劝谏了，已经过去的事就不要再追究了。孔子这话很有些无奈，鲁定公时，孔子任鲁国大司寇，也曾逐步削弱三家权势。孔子不是不认同宰予，只是觉得时势如此，哀公不可能成功吧。果然，鲁哀公后来与三家权臣发生了激烈的冲突，终致失败，流亡越国。

孔子并不是真觉得宰予是"朽木"，抬杠归抬杠，生气归生气，真需要开导时，仍是苦口婆心。包括孔子骂宰予最狠的那次，也不过是因为见到"宰予昼寝"。"昼寝"就是白天睡觉，说起来也不算啥大事儿，我

103

上学时趴在课桌上睡觉的事儿干得多了，最严重的一次是考试时竟然睡着了，还打起了呼噜，所以虽然嘴上笑话宰予，心里实在有些同情。

宰予又叫宰我，"予"是名，"我"是字。"我"的甲骨文像是一种有许多利齿的兵器，有威猛无敌的意象。《说文解字》对"我"的解读是"施身自谓也"，"施"最早的字形像蜿蜒飘扬的旗子，后来有了散布的意思，所以"我"字有强大勇猛者宣扬、称呼自己的含义。"予"字甲骨文的字形像是上下两个织布的梭子交接的样子，下面的梭子上还连着丝线，意思是织梭穿行不断给出丝线，所以后来有了给予、授予的含义。一个是表示给予，一个是表示自我，宰予的名和字看起来有些矛盾。不过细想想，一个人或许需要先照顾好自己，才能更好地照顾别人吧，自己不强大，给予别人的又能有多丰实呢？

大戈　　　利齿　　　威猛的兵器

旗　　　　蛇　　　蜿蜒飘扬
　　　　　　　　　的旗子

织梭交接　　　线　　　给予

　　宰予，名如其人。有独立的思考和主见，
哪怕在恩师面前也不唯唯诺诺，这是"我"；

能以自己的思想和言辞给人以建议，哪怕是面对国君也不藏私，这是"予"。或许这样的"我"和"予"是值得尊敬和学习的。

在孔庙，见过宰予的石刻像，配享在孔子身侧。与宰予同列的，还有子路、子贡、有若、子夏、冉求、子张……能与孔门优等生同入孔庙受后世祭祀，或者宰予并非我们认为的那么顽劣？重读《论语》，重新回到孔子身边体味宰予，看到的，竟然是一种活泼与睿智。

107

宰予小孔子二十九岁，待孔子，自当是如师如父。孔子周游列国，宰予陪侍左右，且常受孔子派遣出使齐、楚。孔子曾历数自己身边的优秀弟子，列举十人，宰予位列"言语"第一，排名甚至先于子贡。《史记》记载：楚昭王想给孔子封邑，令尹子西极力劝阻，理由是孔子的四大弟子太杰出，楚国没人能

比得上。子西说的四大弟子，分别是子贡、颜回、子路、宰予。

如此，孔子对宰予的骂，更像是父亲对孩子的疼爱，而宰予对孔子的无礼，竟像是被娇惯出的个性了。

孔子是喜爱宰予的，甚至是纵容。孔门小一辈的弟子，没几个敢跟孔子这样说话的，宰予可以，或许是孔子在鼓励他的思辨。《论语》中宰予的言语，细想想，都是学而后能思的典范。没有哪个老师不喜欢肯思考的学生，虽然有时候会生气。

《史记》记载，宰予后来当了临淄大夫，最终因为参与田常作乱被杀。后人考据，说作乱被杀的那人不是宰予，而是和他同名的另一个人。我更愿相信后者。

中正仁义的闵子骞

科哲不

109

第忧

孔子教学，好像也是分科的。《论语》中有这样一段话："德行：颜渊，闵子骞，冉伯牛，仲弓。言语：宰我，子贡。政事：冉有，季路。文学：子游、子夏。"其中的德行、言语、政事、文学，像是孔子划分出的四个门类，其中提到的人，是孔子说这话时甚为得意的十位弟子。

唐代韩愈、李翱在《论语笔解》中把这段话概括为"四科十哲"。"科"字右边的"斗"是古代的一种量器，甲骨文的字形像是有手柄的大勺。《说文解字》对"科"的注释是"程"，"呈"字由表示诉说的"口"和表示首领的"王"组成，意思是向帝王或上级禀报，加了表示庄稼的"禾"，就有了呈报谷物收成的含义。古代呈报收成，该不只是报个总量了事，还会详细分出品级，"科"字中的"斗"，应该是分出品级之后精确地测量吧。

禾谷　　　有手柄的勺　　　品级

孔子分科，并非为了排列高低优劣，更

多是因材施教。不过言语、政事、文学属于知识和才能，而德行更多是品德心性，所以德行一科列在首位。长于德行者，并非不通文言政事，其他三科所列之人，德行应该也是基底，所以都被后世称为"哲"。金文的"哲"字由"折"和"心"组成，"折"字甲骨文的字形是一只斧头和被砍成两段的树，表示将事物一分为二，"心"表示态度，所以"哲"字有不偏执一端，追求均衡、中正的含义。《说文解字》说"哲，知也"，意思是有智慧的人。由此可见，古人对孔门十大弟子评价很高。

砍断　　　心　　　智慧

"十哲"中，名列第二的是闵子骞，仅在颜回之后。闵子骞小孔子十五岁，出身贫寒，母亲又过世得早，所以很小便随父亲外出谋生，后来拜师孔子，是孔子最早的学生之一。《史记》中说他"不仕大夫，不食汙君之禄"，意思是不去做官。

闵子骞不做官不是因为没本事。鲁国权臣季桓子曾派人请闵子骞出任费地的邑宰，费邑人口众多，百姓富庶，而且邑中士兵训练有素，装备充足，对保障季氏在鲁国的专权地位至关重要，所以季氏历来对邑宰的人选极其重视。如此重要的出仕机会，家境贫寒的闵子骞却淡然回复季氏派来的信使："善为我辞焉。"意思是拜托您好好替我辞掉吧，甚至后面还跟了一句："如有复我者，则吾必在汶上矣。""汶上"指的是汶水之北，是齐国的地界，而当时鲁国和齐国的关系紧

汉字与论语

张，时有交战。闵子骞这话的意思是如果再来找我，我将投奔敌国！

其实，"辞"就有态度坚决的意味。金文的"辞"字很复杂，中间是纺锤的形状，上下各一只手，像是用手理清丝线，左侧有一个表示诉讼的"言"，右边是表示刑具的"辛"字，本义是法官听取诉讼、理清案情并判决罪行。从"辞"字里，我们可以想见闵子骞的刚正与果敢。

清理丝线　　诉讼　　刑具　　　判决

《论语》中有"闵子侍侧，訚訚如也"的句子，意思是在孔子身侧侍奉的闵子骞一派中正气象。对待权贵刚正不屈，追随老师中正和敬，闵子骞的德行高洁可见一斑。

闵子骞的好，不全在正大刚毅，也有宽博柔软。汉代刘向《说苑》中记载：闵子骞幼年时遭后母虐待。冬天时，继母给两个亲生儿子穿用棉花填絮做的冬衣，却给闵子骞穿用芦花填絮的假棉衣。有一次，闵子骞出门驾车时，因为寒冷，不小心将缰绳坠落地上，于是被父亲鞭打。打破的棉衣露出了芦花，父亲才知道他受到虐待，非常愤怒，要休掉后妻，闵子骞却反而为后母求情。他说"母在一子寒，母去三子单"，如果后母走了，三个孩子就都没人照顾了。

这样的委曲求全，放在决绝辞官的故事之后，每每读来都令人动容。孔子曾感慨道："孝哉闵子骞！人不间于其父母昆弟之言。"这里的"间"是非议的意思，孔子盛赞闵子骞的孝行，说不只是他的父母兄弟说他孝，就连外人听了也没有非议。

一个人的"孝"，不是自己评说的，首先是父母认同，其次是家人赞许，若能使别人也无非议，那必然是真孝了。这样的真孝背后，其实是仁义。

"仁"字由"人"和"二"组成，不是很清楚这里"二"的含义。《说文解字》说"仁，亲也"，"二"是不是表示两人亲近、亲爱的意思呢？也有人说"二"有等同的意象，"仁"即是等而视之、一视同仁。表示平齐的"齐"字，金文的字形中就在甲骨文的"齐"字下加了"二"，强调高度相等，所以篆书以至演化后的隶书、楷书的"齐"字里都有"二"的字形。还有平均的"均"字，金文的形状也是由"土"、"又"和"二"构成，意思是播种前匀整土地，使其平展便于耕种。

科哲系

115

第忧

这样看来，用"二"来表示"仁"，确实有些视人如己、将心比心的含义了。

人　　　等同　　　仁爱

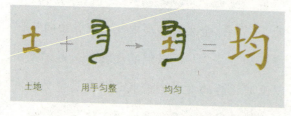

齐　　　相等　　　平齐

土地　　用手匀整　　均匀

闵子骞的"孝"，就很有些将心比心的情思。他能体会到父亲对自己的疼爱和由此

而生的愤怒，他能想到父亲赶走妻子后的孤独和独自抚养三个孩子的艰辛，甚至他能体谅后母偏爱亲生儿子的常情。闵子骞的孝，源自内心的温暖和仁爱，而且这样的爱还延展到同父异母的两个兄弟——后母走后，他的两个弟弟冬天也穿不上母亲亲手缝制的厚棉衣了……

　　古人把对兄弟的爱称为"弟"。甲骨文的"弟"，像是在有枝杈的木柄上用绳带渐次缠绕的形状，由此而生出次序、次第的意象。《说文解字》对"弟"的注释是"韦束之次弟也"，"韦束"是牛皮条，意思也是强调缠绕的次序。次序有先后，兄弟有长幼，所以"弟"字表示兄弟中排行小的男子，并由此衍生出兄弟间互相关爱的含义了。"鞭打芦花"的故事中，我最先看到的，是闵子骞的"弟"。

树杈　　　缠绕　　　次第

关于"孝"，《论语》中记载着孔子的一段对话：孟懿子向孔子请教孝道，孔子回答说"无违"。后来孔子跟给他驾车的樊迟说了这件事，樊迟追问：什么是"无违"？孔子说"生事之以礼，死葬之以礼，祭之以礼"。

依礼生养死葬，指的是孝养父母的行为，孔子讲的"无违"，我总觉得没这么简单。《论语》中这段话后面是"孟武伯问孝"，孔子答"父母唯其疾之忧"。"忧"字的甲骨文像一个人双手掩面，步履沉重的样子，金文时省去一只手，突出了头部的形象，篆书时又增加了"心"，思想忧虑、内心烦忧的意

第忧

象更加明显了。孔子说不让父母担忧身体健康之外的事就是"孝"了，意思是要关注父母的内心感受。紧跟着，《论语》还记录了子游问孝，孔子强调"敬"，子夏问孝，孔子强调"色难"，意思是对待父母要心怀敬爱，脸色和悦。如此，我们再看"无违"，会不会有不违背道理，诸事合乎情义的含义呢？

以手捧面　　脚步　　忧伤

处事合理、合宜，是"义"的表现。闵子骞的"孝"，不是愚孝，也不只是依礼而行，他劝说父亲、为母求情讲的是"理"。合情合理，就是"义"。

居心中正，内存仁义，外现孝弟，如此的表里不悖、知行合一，该就是闵子骞被孔子盛赞"孝哉"的缘由吧。

自在的冉求

师父骂徒弟是常事。"教不严，师之惰"，大概意思是不够严格的老师都是懒。孔子不懒，没少骂徒弟，子路和宰予就总挨骂。骂归骂，孔子待弟子，不会真动怒。《论语》中孔子对弟子动怒只有一次，以致下令逐出师门，这个弟子是冉求。

冉求小孔子二十九岁，和宰予、

颜回、子贡年龄相仿，都是孔子适齐返鲁后招收的弟子，追随孔子的时间仅次于子路、闵子骞，和孔子很亲近。孔门弟子中，最有才干的就是冉求，位列政事科之首，排名在子路之前。

有一次子路问孔子：怎样才算是近乎完美的"成人"？孔子说：如果能具足臧武仲的"知"、孟公绰的"不欲"、卞庄子的"勇"、冉求那样的"艺"，再辅以礼乐修饰，就能称得上是"成人"了。

123

"知"是"智"的通假，"智"的甲骨文左侧是表示武器的"干"，右侧是表示箭的"矢"，中间是表示说话的"口"，整个字看起来很像是在谋划如何作战，所以有了智谋、智慧的含义，金文时有的字形加了"曰"强调谈论，隶书时省去了"干"，就有了现在"智"的字形。"不欲"的"欲"字左边

的"谷"像水流从山涧中流出，表示幽深空阔的山谷沟壑，右边的"欠"像是一个人张大嘴巴叹气的形状，表示不满足，于是整个字形就有了欲壑难平、贪欲的含义。

武器　说话　箭矢　谋划作战

山谷　张口叹气　食欲

臧武仲、孟公绰、卞庄子都是鲁国的先贤，只有冉求是活着的后辈，孔子能将冉求的才艺与前人的智慧、清欲、勇猛并称，可见孔子对冉求的看重。

《论语》中孔子还提到过冉求的"艺"。有一次鲁国权臣季康子问："冉求有从事政治、管理国家的本事吗？"孔子说"求也艺"，管理政事有什么难的呢？

　　"艺"的甲骨文很有画面感：一个跪坐的人，双手前伸，小心翼翼地捧着小小的"木"，很像是栽种幼苗的情境。金文时有的字形加了"土"和"女"，突出了女子细心培土种植的意象。如此细腻、具体地刻画"艺"字，估计是古人太重视种植了吧。想想也是，种些花花草草都很需要些经验和本事，更何况远古农业社会的种植是关乎收成和生存的呢？再细想，能够精通种植，不仅需要"女"的细心严谨，还需要熟识"土"、"木"的属性和生长规律。这样看来，"艺"字在高超才能的背后，很有些智慧的涵义了。

智欲艺攻在

125

苗木 　土壤 　执握 　女子 　栽种

　　冉求有才艺，还在他和孔子的一次谈话中有所体现。有一次孔子问及冉求的理想，冉求说："方六七十，如五六十，求也为之，比及三年，可使足民。"意思是：方圆六七十里的城邑，我去治理的话，三年时间便可使百姓富足、安居乐业。孔子点了点头。

　　《史记》中记载，季桓子病重，乘车环望鲁城时感叹说："鲁国曾经差一点就振兴了，可惜我获罪于孔子，所以才落得如此境界啊！"然后回过头叮嘱儿子季康子："我死之后，你会主持鲁国朝政，到时一定要召孔子回来啊。"几天后，季桓子去世，季康子当政，想听从父命请孔子回鲁国，大臣公之鱼劝他说："先君重用孔子却没能用到底，被诸侯们嘲笑。您现在任用他，万一又不能用到底，还会被诸侯们耻笑的。"季康子问："那怎么办呢？"公之鱼说："您征召冉求回来吧！"

于是季康子派人去陈国见孔子，请冉求回国。孔子对弟子们说，鲁国召冉求回去，"非小用之，将大用之也"。他还说："归与，归与。吾党之小子狂简，斐然成章，不知所以裁之。"意思是：回去吧，赶快回去吧，我从家乡带出来的这些孩子啊，志向高远，处事阔达，才华横溢，我都不知道该怎么培育他们啊！

我读这段话，常常会流泪。孔子那年六十岁，背井离乡已有五年，其中的艰辛险恶不可历数，但他没有怨恨，见弟子能被重

127

用，全不念未来身边少了臂膀，只一心想着别耽误了孩子们的前程，一个劲儿地催促着快走、快走吧。

子贡从孔子的话中听出了对故国的思念。冉求走时，子贡送行，他把冉求拉到一边，很认真地说：你回国之后，若有重用，一定要想办法请夫子回去啊……

鲁哀公三年，冉求归鲁，做了季氏宰。哀公时期，季氏专权，势同国君，所以季氏宰不是家臣，而是管理朝政的宰相了。

鲁哀公十一年，齐国攻打鲁国，国内群臣不敢应战。季康子问冉求该怎么办，冉求主战："国政承担在您的肩上，被攻打而不能作战，这是您的耻辱。"后来冉求率军先行出发，他手持长矛身先士卒，以步兵突袭的战术勇破齐军。孔子听说后，说冉求"义也"。

胜利班师回朝后，季康子问冉求："只知道你长于政事，这样的军事才能是学来的还是本来就会呢？"冉求说："这是跟孔子学来的。"于是季康子派人带着礼物，迎请孔子回国。至此，孔子结束了长达十四年的流亡，回归鲁国。这一年，孔子六十八岁。

冉求被孔子逐出师门，是这之后的事。

孔子回国后，不问政事，专心传道授业。冉求待孔子如父亲一般，退朝后常去孔子身边侍奉，汇报、请教政事。孔子对他动怒，是因为季康子做了很多不合周代礼法的事情，比如祭泰山、改革古制等，孔子三番五次让身居高位的冉求出面阻止，结果冉求劝谏不力，甚至还帮助季氏推行新政。于是孔子发了火，骂道："非吾徒也，小子鸣鼓而攻之可也！"

甲骨文的"徒"，下面是表示脚的"止"，

智欲艺攻在

129

上面在一个菱形方块的周围加了三个点，像是尘土飞扬的土路，金文上面的部分写成了"土"，还加了"彳"强调行走，本义是赤脚走路，后来引申出徒步行走的步兵和追随老师学习的徒弟的含义。"非吾徒也"的意思是他以后不用追随我了，我也不认这个弟子了，开除学籍！

尘土飞扬的路　　行进　　徒步行进

"鼓"的甲骨文是一个鼓形符号周围有三只手，本义是众人以掌击鼓。鼓声雄壮浑厚，可以鼓舞士气，所以古代军队开战时，后方会擂鼓助威。"攻"的意思是攻击，左边的"工"表示工具，右边的"攴"表示持械击打，古人攻城，往往先使用云梯等器具，然后才手持武器进攻。如此看来，"鸣鼓而攻之"就不是普通的打击了，很像是召集弟子重重讨伐。

| 鼓 | 多只手 | 击鼓 | 鼓 |

| 工具 | 击打 | 进攻 | 攻 |

弟子们当然不会群起而攻之，孔子的脾气大家都知道，过了气头儿也就没事了。不过孔子这话说得确实有点儿重，整部《论语》，

这是他脾气最大的一次。还好，我在史书里没看到冉求因此而懊恼。孔子晚年，在鲁国专心研究学问，序《易》，删订《诗》《书》，作《春秋》，日子过得安安稳稳，大半是冉求的功劳。

其实季康子专权虽不合礼法，但在任时还是励精图治、奋力振兴鲁国的。当时鲁国国力衰微，又夹在齐国、吴国两个大国之间，常常被攻打、勒索，季康子能拒吴、败齐、改革赋税，颇见政治才华。包括重用冉求、迎回孔子，甚至还常常向孔子请教政事，也是亲贤臣、礼下士的表现。孔子责备冉求的那些事，决定权不在冉求，孔子骂冉求，其实是自己心里憋屈。

冉求才艺卓越，但不管怎样的人才也需要土壤，如此才能人尽其才、造福家国。有"才"有"土"，就是"在"。"才"字甲骨文像是房柱支撑着房梁的形状，所以有栋梁之才的含义，加了表示土地的"土"，意思是有房有地安居生活。不过《说文解字》中对"才"的解读是"草木之初"，如此"在"字下面的"土"便有了滋养、成就的涵义了。

柱梁　　　土地　　　安居

我更喜欢"在"字，木初生得沃土承育的意象。天生我才必有用，每个人都是独一无二的"才"，自己努力成长，顺天时，应地利，便会有"大用"，便是"自在"。但若能得天时地利相助，才会有真正的进步、成长。冉求能顺应时势，强盛鲁国，没什么错。

面对孔子的责骂，冉求安心接纳，老师要尊重，但自己也要坚持。他说"非不悦子之道，力不足也"，意思是孔子的大道他是欢喜认同的，但实在是自己能力有限，只能在力所能及的范围内做到如此了。知道自己是谁，在做些什么，有时候，我很欣赏冉求的这种"自在"。

貌似孔子的有若

孔子的弟子中，有个人长得和他很像，名字叫有若。

一直觉得有若是个谜一般的人物，史料中关于他的记载不多，《论语》中也只出现过四次，远少于子路、颜回，但他的地位好像又很高。《论语》开篇是"子曰"，紧跟着第二句便是"有子曰"，有子就是有若。

　　《论语》中能称得上"子"的有三个人，孔子之外，便是有若和曾参。据说这是因为有若和曾参的弟子参与或是主导了《论语》的编纂，所以尊称自己的老师为"子"。这事儿有些说不通，有若的学生不可能只选录老师的四段话，且完全没有自己老师和孔子的聊天记录。这样的排序，很可能和有若的长相有关。

　　《史记》记载：孔子去世之后，弟子们甚是思念，于是推举相貌酷似孔子的有若为师，大家如以往待孔子一般礼奉有若。最初读到这段时只觉得好笑，小孩子过家家一样，孔子怎么教出这样一堆迂腐徒弟？后来，渐渐能还原出一些当时的情境，体会到一些超乎世俗的师生之情。孔子于弟子，好像不仅仅是传道授业之师，更像是太阳，是光明和

137

方向。孔子不在了，众弟子立有若为师，更多的，是精神上的抚慰和寄托。

只是这样的状况没维持多久便有人提出了质疑。有人问："有一次老师要出行，让学生们备好雨具，过了一阵子果然下雨了，学生请教，老师说昨晚月亮居于毕星的方位上，所以会下雨。可后来有一晚月亮又在毕星的位置上了，第二天却没有下雨，这是为什么呢？"有若答不上来。这人接着又问："商瞿年龄大了仍没有子嗣，他母亲要替他另娶妻子，老师说不用担忧，说商瞿四十岁以后会有五个男孩，后来果然如此。老师当年是怎么预知的呢？"有若还是答不上来。于是大家觉得有若没资格坐孔子的位子，把他赶下了台。

《史记》中记录的这段故事，我读着，总觉得有若很冤。且不说那个位子是被别人推上去的，只说那两个问题，很有些抬杠的意思。孔子博学，懂些星象占卜之术很正常，拿这样的问题刁难有若，明摆着欺负人。而且《论语》中有"子不语怪力乱神"的记载，有若完全可以据此反驳。有若没说话，要么是愚钝懦弱，要么是仁德厚道。

《孟子》中也叙述过这段历史："子夏、子张、子游以有若似圣人，欲以所事孔子事之，强曾子。""事"是服侍，"强"是勉强、要求，子夏、子张、子游想让曾子认同以服侍先师之礼侍有若。曾子没同意，说："江汉以濯之，秋阳以暴之，皓皓乎不可尚已！"

"濯"下面的"隹"本义是小鸟，这个字看起来很像小鸟在水边梳洗、整理羽毛的样子，所以有清洗、洗涤的含义。"暴"字甲骨文很形象——下面是鹿头，上面是简化的"日"，意思是在烈日下面曝晒鹿皮以便

长久保存；金文时用"麦"替代了鹿头的形象，表示晒麦子，所以"暴"的本义就是照晒。"皓"字的篆书左边是"日"，本义是日出而光明，后人觉得白色最能代表光明，所以把"日"改成了"白"，"皓"便有了洁白、纯净的含义。

鹿　　　　太阳　　　　曝晒

曾子那句话的意思是，孔子的德行就像在江汉的水中洗涤过一般洁净纯粹，还像是在秋阳下曝晒过一般光明正大，根本没办法追上啊！曾子这话很坚决，也很委婉，他没觉得有若多差劲。

有若被尊称为有子，可能与这段经历有关，毕竟他做过众人之师。也可能就是因为这件事，有若没有太多的言语被选入《论语》。有若貌似孔子，是福是祸，不好说。

有若像孔子，还有一个版本，是指两人的思想、言行很相似。《礼记》中记载：有子问曾子是否听孔子说过有关丢官的言论，曾子说孔子说过"丢官后赶紧贫穷，去世以后尽快腐朽"，有子说这不是君子应当说的话，曾子争辩道："这是我亲耳听夫子说的！"有子还说："这不是君子应当说的话唰。"曾子坚持："我是和子游一起听到的。"有子说："那夫子这样说肯定是有所指的。"

后来曾子把和有子的对话告诉了子游。子游说："有若这话很像是夫子啊！夫子当年在宋国时，见桓司马给自己做石椁，三年还没完成，夫子说，像这样奢靡，还不如死

141

了赶快腐朽啊。失去官职的南宫敬叔回国时，必定会带上宝物朝见国君，先生说像这样用钱财行贿，还不如丢官后快速贫穷啊。夫子的话，确实是有所指的。"

子游等人推举有若，应该与"有子之言似夫子"有关，不只是相貌。

《孟子》中记载，有若把孔子比作鸟兽中的麒麟凤凰、山川中的泰山河海，并称"出乎其类，拔乎其萃，自生民以来，未有盛于孔子也"。在孔庙中常能见到雍正皇帝题写的"生民未有"金字匾额，出处便是有若这句话，意思是自从有生民以来，就没有超越孔子的圣贤了。有若这话，我读着很感动，能看出他对孔子由衷地景仰。弟子对老师能如此尊崇，自然会用生命去追随、学习。

有若确有其卓异之处。他曾经提出："君子务本，本立而道生。孝弟也者，其为仁之本与？""本"是指事字，甲骨文的字形，在"木"字中标注了树根的部位，表示根本。君子的学习，不会舍本逐末，不会本末倒置，这句话和《大学》中的"物有本末，事有终始，知所先后，则近道矣"很相似。"孝弟"是指孝敬父母友爱兄弟，"仁"是爱人，是孔子教育的核心，有若这段话，阐明了"为仁"的次第，得了孔子的精髓。

树木　　　指事符号　　　树根

　　有若还谈过"礼"。他说："礼之用，和为贵。"甲骨文的"和"字，右边是"禾"，左边是"龠"，上面是朝下的"口"，下面

是排笛的形状，中间的三个"口"表示很多个孔里发出的声音，整个字表示吹奏用禾类芦管绑制成的乐器，不同声部的乐音和谐地组成美好的乐章。金文时，有的字形只保留了"禾"，左边加了表示说话的"口"，比喻言论、观点虽有不同，但能相互响应，协调一致。

向下的口　　排笛　　声音　　吹奏乐器

说话　　禾　　和谐

有若认为，礼之大用在于"和"，他还强调"知和而和，不以礼节之，亦不可行也"，意思是只追求"和"，不以"礼"去节制、规范，也没办法达到和谐的目标。这样的论述很严谨，很有些"中庸"的味道，而且推行"礼"以构建和谐社会，也是孔子的理想。

　　有若深切体证了孔子中庸的思想，还体现在另外一段话上："信近于义，言可复也。"大意是一个人要讲诚信，但信守承诺只有合乎道义的时候才算靠谱儿。孔子说过"言必信，行必果，硁硁然小人哉"，孟子说"言不必信，行不必果，惟义所在"。有若的言论，直出孔子、孟子所言，一脉贯通，这就是传承。

145

　　"义"字的甲骨文，上面是"羊"，下面是"我"。"羊"有仁善、吉祥的含义，"我"是一种兵器，表示征战，"义"的本义像是为了维护仁道而发起的正义之战，后来引申

出公理、真理的含义。

吉祥　　　　兵器　　　　正义之战

　　我看"义"字，总有内方外圆的意象：一个人内心要坚守正道，必要时甚至要用"我"来捍卫，甚至"舍生取义"也在所不惜，这是方；但行事时，需要外现慈祥、仁善，要循理变通，这是圆。能做到内方外圆，便是顺应天地运行的大道了。有若、孟子讲的"义"，该也是这个道理。

　　有若是否长得像孔子，无法考据，但《论语》中所载的言语确实和孔子如出一辙，他全面地继承了孔子的思想与精神。可惜，有

可能是太像了，有若没有太多的言语被传承下来。

有若哪年出生，历史上没有定论，他哪年去世，史书上也没有记载，只说他去世时，鲁悼公前往吊唁，子游做傧相。国君能亲去吊唁，同门师弟能主持葬礼，我看到的，不只是有若生前的威望，更多的是他被赶下台后的坚毅与柔和。

有若是个明白人。我总想，当年他如果不坐那个位子，该有多好。

做了帝王师的子夏

几年前给孩子们讲《论语》，谈起孔子的弟子子夏时，有个学生说他老家就是子夏教学的地方，他家旁边有座子夏山，山下还有叫东夏祠、西夏祠、北夏祠的村子……

为此，专门去查资料。《礼记》记载子夏"退而老于西河之上"，《史记》中说"子夏居西河教授，为魏文侯师"。查阅春秋时期地图，现在的山西文水确是在古人所说的"西河"区域内。《文水县志》及相关资料中提到，子夏山最早名"隐泉山"，因孔子高徒子夏晚年退隐于此，故唐朝时玄宗改称为"子夏山"，因子夏姓卜名商，所以子夏山又名"卜山"、"商山"。后来，又去了解流传在文水民间的故事和传说，子夏其人其行，在我的认知里日益丰满、鲜活起来。

战国时期，魏国向西攻占了秦国西河地区，向北伐灭中山国，向东大败齐国大军，一跃成为中原霸主。创下魏国百年霸业的开国国君魏文侯，是子夏的学生。魏文侯拜师子夏，应该是在攻占西河区域之后，若是如此，算起来当时子夏已经是百岁老人了。能做"帝王师"，群儒之中，子夏是第一人。

不只是魏文侯，率兵攻破秦军的名相李

俚和大将吴起也都是子夏的弟子，他们能师从子夏，或许和子夏推崇孔子的《春秋》有关。子夏曾说"有国有家者不可以不学《春秋》"，主张从历史中汲取教训，消除危机于萌芽。子夏教学，更重经世济用，后来逐渐形成了当时最有影响力的儒学流派，被称为"西河学派"。子夏传《春秋》，经弟子公羊高口授成为《公羊传》，经弟子谷梁赤口授成为《谷梁传》。包括《春秋三传》的另外一本《左传》，史学家考据也是从子夏传承而来的。

能有如此成就，和子夏的勤学善思密不可分。《论语》中记载，他曾向孔子请教《诗经》里的"巧笑倩兮，美目盼兮，素以为绚兮"是什么意思。孔子回答说"绘事后素"。

　"巧"有灵巧、灵动的含义；"倩"像是丹青妆扮后的女子，表示漂亮；"分"有分开、分明的意象，加了"目"，表示睁开

眼睛，黑白分明；"绚"的意思是绚烂、美丽。"素"最早由"麦"和"索"组成，甲骨文的"索"是在草下面加了三圈指事符号，表示草绳，有的字形还加了两只手，明确了搓草编绳的本义。加了"麦"字的"素"，本义是用麦秆编织，估计这样的编织品看起来不够精美吧，所以有了朴素、素净的含义，后来又被用作表示未染色的丝绸了。

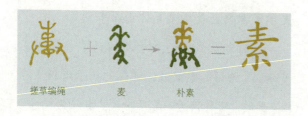

搓草编绳　　　麦　　　朴素

"巧笑倩兮，美目盼兮"是形容女子眉目笑容的美好，"素以为绚兮"指天生丽质略施粉黛，也是美丽动人的意思。这句诗对子夏来说并不难懂，他问孔子，该是询求背后的深意。

　　"绘事后素"的"绘"，右边"会"字金文的形状很像是将两个不同容器中的"米"合在一起煮，所以有聚合、会合的含义，加了"糸"，表示会合许多彩色丝线刺绣图案。孔子的回答，意思是先要有朴素纯净的好底子，然后再加以描绘，才会达到精美。孔子这话，像是强调心性和修养的重要。

上下两个容器　　米　　会合

　　子夏听懂了孔子的话，若有所思地说："礼，应该也是为学的基底吧？"孔子惊叹道："卜商，你真是启发了我啊！从今以后，我们可以一起谈论《诗经》了。"《论语》中，孔子提到可以谈论《诗经》的人还有子贡，如此可见子夏之才不逊于子贡。而子夏这时，不过二十几岁。

子夏于诗于礼能有所悟，和孔子"兴于诗，立于礼"的思想甚为契合。孔子重诗礼，教授弟子，包括自己的儿子伯鱼，都是要求从这两门功课入手的，而子夏能由诗悟礼，通贯无碍，在孔子看来，是个天才。

子夏好学，还体现在交友上。孔子曾说"丘死之后，商也日益"，意思是我去世之后子夏一定会日益精进，因为他"好与贤己者处"。"贤"的甲骨文由"臣"和表示抓持、掌控的"又"组成，意思是有管理才干的官吏，金文时加了"贝"，表示宝贵的、难得的贤才。《论语》记载，子夏交友标准很高，常常会"不

可者拒之"，也就是拒绝和不比自己贤能的
人交朋友。

臣　　掌管　　有才干的官吏

　　这样的观点孔子也提到过，他说"无友
不如己者"。这里的"无"是"毋"的通假，
意思是禁止、不要。"不要和不如自己的人
交朋友"，孔子说这话不知道是在骂谁，肯
定不是子夏。

　　孔子没子夏那么绝对，他说"三人行必
有我师焉，择其善者而从之，其不善者而改
之"，大意是跟人相处我们总是可以有所收
获的，别人的长处我们学习，不好的地方我

们可以反观自己加以改正，这样就人人皆可为我师了。孔子还说："见贤思齐焉，见不贤而内自省也。""齐"字甲骨文的形状像是三颗同时发芽的种子，本义是地面上所有的种子同时破土萌芽，《说文解字》解为"禾麦吐穗上平也"，意思是禾麦吐穗时上端齐平的样子。孔子的意思是遇见贤德的人心里想着如何也能做到贤德，见到不贤德之处反省自己。

破土发芽　　　　多株　　　　　同时发芽
的种子

子贡曾经问孔子："子张和子夏谁更贤能？"孔子说："师也过，商也不及。"金文的"过"由表示行进的"辵"和一副残骨形状的符号组成，意思是生命在时光的流逝中走向死亡，后来引申出经过、过度的含义。

"及"字的甲骨文很有趣，左边是一个人，右边是一只手，很像是从背后赶来抓住前面之人的情境，所以有逮到、达到的意思。孔子觉得子张行事有些过度，而子夏往往不到位。据说子张交友广泛，来者不拒，相对子夏而言，确实很"过"，而子夏的严谨，确实又太苛刻了。

行进　　　残骨　　　走向死亡

人   抓住   速到

子贡接着问："那么子张更好些了？"
孔子说："过犹不及。"在孔子眼里，"过"
和"不及"都不合乎恰到好处的标准，孔子
崇尚的是"中"。

甲骨文的"中"有很多种字形：有的是
一根旗杆，上下飘扬着两面旗帜；有的在两
旗之间加了一个圆点，又在圆点两侧加两个
指事符号，应该是强调两面旗帜分开对立的
形状；还有的直接在两面旗中间加了表示地
域的"口"。如此，便很有些两军对峙时中
间地带的意象了，中间区域不归属任何一方，
所以"中"字有了两端均衡、不偏不倚的含义。

有的甲骨文省去了下端的旗帜，像一杆旗插在城邑的核心区域，所以有了中心、核心的意思。还有的甲骨文，索性把两杆旗都去掉了，于是有了我们现在看到的"中"。

两面旗　　分开对立　　中间地带

一杆旗　　城邑　　中心地域

《论语》中孔子曾慨叹道："中庸之为德也，其至矣乎！"意思是中庸作为道德的标准，已经是达到极致了。"庸"字甲骨文

的字形，上面是倒写的"人"和倒写的"其"，下面的"凡"是多人使用的井形夯地工具，整个字表示用簸箕挑土夯地筑墙，《说文解字》解读为"用"，意思是使用、应用。用如此复杂的情境和字形表示"用"的含义，估计是有重用、大用的寓意吧。"中庸"，就是"中"的大用。子夏，好像没有做到"中庸"。

　　不过子夏后来确实如孔子预言的"日益"了吧，《论语》中记有他这样一段话："虽小道必有可观者焉，致远恐泥，是以君子不为也。"意思是即便只是一些不起眼的小技之中，也必然是蕴含着天地间的大道啊，不过只是耽于技能的研究，恐怕是会泥陷、沉迷其中的，所以君子是不会执迷于小道的。他还说："大德不逾闲，小德出入可也。"意思是大节上不能超越界限，小节上有些出

入是可以的。

这些话，很有些"游于艺"和"中庸"的意思。曾子说子夏被西河之民误以为是孔子，该不是因为长相，而是思想和德行的近似与一致吧。孔子去世时，子夏二十九岁，之后七十余年，子夏只是教学。

《易经》中孔子说："形而上者谓之道，形而下者谓之器，化而裁之谓之变，推而行之谓之通，举而措之天下之民谓之事业。"子夏上承中庸之道，下具经世之器，变化通行，教化一方，可谓是身体力行，继承了孔子未竟的"事业"。在历史的长河中，我看子夏，隐然便是文水那座高山，足以景行仰止。

后　记

　　这本书是耗时最长的，前前后后写了大半年，最终定稿时又几乎推倒重来。

　　最早的想法很简单：从汉字切入，解读一些经典的《论语》语句，还原背后的情景和故事，让孩子们体会人物的性情，感知道理的温度。这事儿并不难，讲了十年《论语》，孩子们喜欢听，且能在生活里用，翻一翻教案，从教学实例里选一些写成文章就好了。

　　可能是想表达的太多的缘故，写着写着就变成了说教，自己读着都枯燥无趣。再有，大多语句篇幅很短，讲课没问题，写成文章就显得单薄，而把几句话拼成一篇，很容易散乱，失了章法。后来想到以《论语》人物为主线，才开始动笔。可这样一来，就需要查阅大量资料，尽可能地严谨、接近史实，而且毕竟是写给孩子，还要保持故事性和趣味性，于是写作难度便陡然增大了。

不过自己觉得这是件有意义的事。读《论语》，需要了解这些人，需要走到他们中间，跟他们一起生活、思考，甚至一起哀伤、快乐。如此，《论语》便不再是割裂的章句，也不再是来自两千年前的训诫，只是我们身边的人和事，是我们生活中的情境了。在这样的情境里，身处古人之侧，我们才能学着如何为人处世，如何善待生命。

十二个人物，对应"七法五境"。学、习、思、启、省、化、觉，是我提炼出的七个学习的次第与方法；我、仁、在、义、中，是"七法"螺旋式上升的五种境界。"七法五境"是我学问体系的核心。

要完成这样的对应，行文难免牵强、生涩。想过放弃，让孩子们读着轻松一些，后来坚持写了下去，是想着孩子们但凡从中有一点体悟，便成就了我写这本书的价值了。

田舍之
戊戌夏至于潮白河随寓

图书在版编目（CIP）数据

汉字与论语 / 田舍之著 . —上海：少年儿童出版社，
2018.12
（汉字中国）
ISBN 978-7-5589-0498-1

Ⅰ . ①汉 ... Ⅱ . ①田 ... Ⅲ . ①汉字—少儿读物
Ⅳ . ① H12-49

中国版本图书馆 CIP 数据核字（2018）第 262990 号

汉字中国

汉字与论语

田舍之 著

简　山 绘图

赵晓音 装帧

梁　燕 策划

责任编辑 韦敏丽　　美术编辑 赵晓音
责任校对 黄　岚　　技术编辑 许　辉

出版发行 少年儿童出版社
地址 200052 上海延安西路 1538 号
易文网 www.ewen.co　少儿网 www.jcph.com
电子邮件 postmaster@jcph.com

印刷 天津旭丰源印刷有限公司
开本 787×1092　1/32　印张 5.5　字数 56 千字
2022 年 3 月第 1 版第 3 次印刷
ISBN 978-7-5589-0498-1 / Ⅰ·4376
定价 35.00 元